I0554951

APPRENDRE·
JAPONAIS
pour les débutants

APPRENDRE LE JAPONAIS

Hiragana Katakana & Kanji N5

MANUEL DE LANGUES POUR DÉBUTANTS

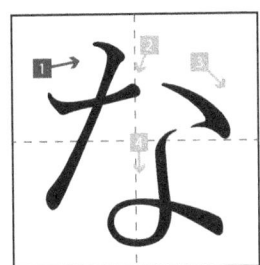 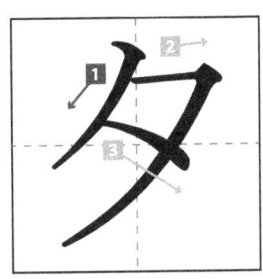 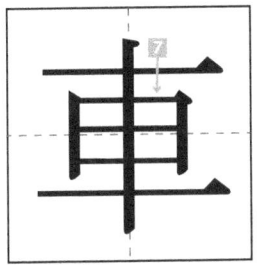

NOUVELLE ÉDITION TRIPLE CAHIER D'EXERCICES 3-EN-1

POLYSCHOLAR

www.polyscholar.com

CONTENU

Astuce: Ce livre fonctionne mieux avec des stylos gel, des crayons, des stylos à bille et des supports similaires. Soyez prudent avec les marqueurs et l'encre, car les supports lourds ou humides peuvent faire saigner le papier ou le transférer sur les pages ci-dessous. Voici quelques boîtes de test pour vérifier la qualité de vos stylos :

APPRENDRE LE JAPONAIS

Le premier pas pour apprendre à lire, écrire et parler le japonais est d'apprendre le Hiragana & Katakana ! Si vous vous lancez directement dans les tableaux des caractères Kanji, vous risquez vite d'être découragé, mais ce guide a été conçu pour faciliter et accélérer la maîtrise de l'écriture.

Nous commencerons par parcourir quelques informations de base pour vous permettre de mieux comprendre le fonctionnement du système linguistique dans son ensemble. Puis, après un bref aperçu des différents "alphabets" (oui, il y en a plus d'un !), nous passerons directement à l'apprentissage des kana !

COMMENT UTILISER CE GUIDE

Comme pour toute langue, la répétition est l'un des moyens les plus rapides pour s'imprégner. Ce cahier d'exercices contient des pages d'instructions soigneusement conçues qui vous apprendront à écrire chaque caractère, avec suffisamment d'espace pour mettre en pratique vos nouvelles connaissances en calligraphie japonaise :

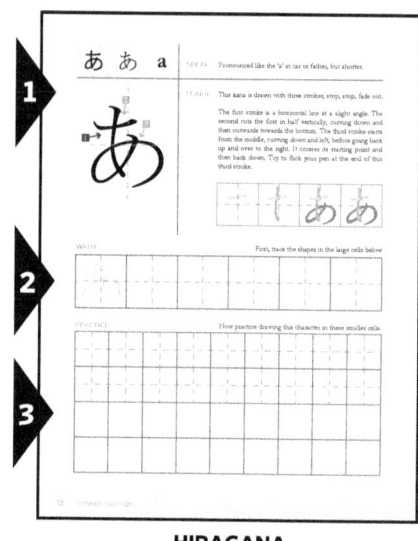

HIRAGANA

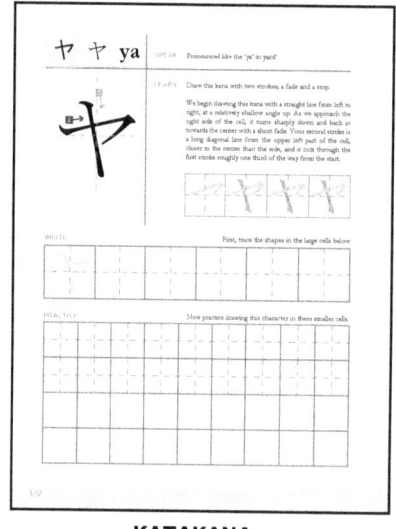

KATAKANA

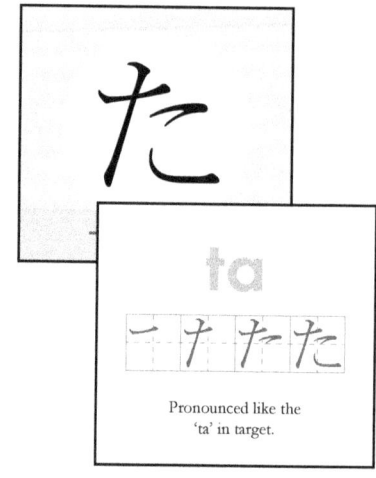

Cartes Flash

Vers la fin du cahier, vous trouverez des tableaux supplémentaires qui vous permettront d'apprendre à écrire certains (ou même tous) les kana. Ces tableaux sont appelés traditionnellement Genkouyoushi (en japonais), ce qui signifie "papier manuscrit".

La dernière partie de ce cahier d'exercices contient un ensemble de pages de style carte flash qui peuvent être photocopiées ou découpées. Elles constituent un excellent moyen de vous aider à mémoriser les symboles et à tester vos connaissances. *Les jeunes apprenants doivent demander l'aide d'un adulte pour les découper !*

LES ÉCRITURES JAPONAISES

En apprenant le japonais, vous rencontrerez quatre types d'écritures (ou alphabets) très différents. Si cela peut sembler compliqué au premier abord, cela devrait prendre tout son sens dans un instant, d'autant plus que vous en comprenez déjà un !

RŌMAJI ロマンジ

Signifiant littéralement "lettres romaines", il s'agit en fait d'une représentation de la langue japonaise avec des lettres familières. Il n'est utilisé que pour traduire la langue dans une forme que les non-japonais peuvent comprendre. Il n'est pas très courant dans l'usage quotidien.

Les trois autres écritures, Hiragana, Katakana et Kanji, sont utilisées en permanence et sont généralement combinées pour former des mots et des phrases dans l'écriture japonaise quotidienne. Chaque écriture a sa propre utilité et, ensemble, elles nous indiquent le sens des mots, leur origine et la manière dont ils doivent être prononcés.

HIRAGANA ひらがな

あいうえおかきくけこ

Cette écriture est la première que nous devons apprendre, et elle se compose de caractères simples avec des formes rondes. Contrairement à l'alphabet romain, cette écriture est phonétique et chaque caractère représente le son d'une syllabe. Chaque fois que vous verrez un caractère spécifique, vous saurez comment il se prononce.

KATAKANA カタカナ

アイウエオカキクケコ

Cette écriture constitue également une écriture phonétique simple. Les katakana représentent les mêmes sons syllabiques que les Hiragana, mais sont utilisés pour les mots empruntés à d'autres langues, comme les noms étrangers, les technologies modernes ou les aliments, par exemple. Leur aspect est plus anguleux et plus *pointu*.

KANJI 漢字

Traduits littéralement par "lettres chinoises", les Kanji sont des caractères empruntés à la langue chinoise. Contrairement aux autres écritures qui représentent des sons, les symboles Kanji représentent des blocs de sens, comme des mots entiers ou une idée générale sur quelque chose.

年本月生米前合事社京

Il existe littéralement des milliers de Kanji, et de nouveaux sont créés en permanence, ce qui les rend difficiles à maîtriser, même pour les linguistes les plus avancés. Il existe une certaine logique dans leur composition, de sorte que vous finirez par comprendre ou deviner des symboles que vous n'avez jamais vus auparavant.

KANA SYLLABARIES

Les Hiragana et Katakana (plus connus sous le nom de Kana) comportent chacun **46 caractères de base** qui, contrairement aux lettres françaises, représentent un son parlé différent *(au lieu d'une lettre)*.

Hiragana	あ	い	う	え	お
Katakana	ア	イ	ウ	エ	オ
Romaji	a	i	u	e	o
Prononciation	'ah'	'ee'	'oo'	'eh'	'oh'

Les cinq voyelles

Dans ce guide, vous apprendrez à écrire tous les Katakana de base, mais aussi à créer des sons supplémentaires en combinant les symboles de base. À la fin du livre, vous serez en mesure d'écrire les caractères qui composent la plupart des sons indispensables à la langue japonaise.

Les pages suivantes contiennent beaucoup d'informations, mais ne vous laissez pas submerger. En plus des tableaux de tous les kana de base que vous apprendrez, nous expliquerons certaines des règles de base pour combiner ces symboles - puis il sera temps de mettre le stylo sur le papier !

DIRECTION D'ÉCRITURE

On voit souvent les textes japonais en colonnes verticales. Sous cette forme, on écrit et lis de haut en bas, une colonne à la fois, en commençant par le côté droit de la page. Depuis la fin de la Seconde Guerre mondiale, on utilise l'orientation horizontale, plus familière, qui se lit de gauche à droite, comme dans la langue française. Cette règle s'applique à tous les types d'écriture.

Le texte de ces exemples est identique, à l'exception du sens de lecture et d'écriture :

1. 私は犬を飼っています。
彼女は行儀が良い。
彼らは寝るのが好きです。
多くの場合、一日中。
多分彼女は怠け者です。

2. 私は犬を飼っています。
彼女は行儀が良い。
彼らは寝るのが好きです。
多くの場合、一日中。
多分彼女は怠け者です。

Tategaki
縦書き
("l'écriture verticale")

Yokogaki
横書き
("l'écriture horizontale")

Ces deux styles sont connus et sont souvent choisis en fonction de la mise en page et de la conception du document concerné. En général, la mise en page verticale est utilisée pour les textes traditionnels, tandis que le texte horizontal se retrouve dans les écrits plus modernes ou sur les documents officiels. Une chose à retenir est que les livres au style d'écriture tategaki (vertical) sont reliés dans le sens inverse des livres français, de sorte que vous les lirez en commençant par le dos !

PRONONCIATION

Une bonne prononciation du japonais se prépare dès l'apprentissage des kana, puisqu'ils couvrent la plupart des sons dont nous avons besoin pour l'ensemble de la langue. Il est important de s'exercer à ce stade précoce si vous voulez développer un accent naturel et natif.

Remarque : Ce cahier d'exercices comprend une introduction très basique à la prononciation japonaise, car elle s'enseigne plus efficacement avec l'audio. Chacune des pages d'exercices utilise un mot ou une syllabe de l'anglais ayant une consonance similaire pour décrire les sons - il est bon de les répéter à voix haute au fur et à mesure que vous progressez dans le livre.

Les écritures japonaises étaient à l'origine écrites au pinceau et ont un aspect encré et peint. Aujourd'hui, nous utilisons des stylos modernes, mais il est important d'apprendre à écrire avec les mouvements et les **traits** traditionnels. Par chance, le caractère Hiragana け (ou 'ke') contient chacun des trois types de traits que vous emploierez. Pour vous aider à décrire la façon d'écrire les caractères dans le chapitre suivant, nous leur avons donné des noms qui reflètent leur conception et leur apparence :

Saut dégradé   *Coup d'arrêt*   *Coup dégradé*

Le **"Saut dégradé"** est obtenu en retirant rapidement le stylo du papier à la fin du trait. Le **"coup d'arrêt"** est exactement ce qu'il semble être, c'est-à-dire que votre trait s'arrête définitivement avant que vous ne leviez votre stylo. Un **"coup dégradé"** est réalisé en soulevant plus doucement le stylo du papier pendant que votre main est en mouvement. Vous pouvez imaginer comment le trait pourrait s'affiner et s'estomper si vous retiriez progressivement de la page la pointe d'un pinceau épais et humide.

STYLES D'ÉCRITURE

Ce guide vous apprendra à écrire les Hiragana avec les mouvements standard basés sur les apparences brossées, mais vous rencontrerez d'autres styles de caractères au cours de votre apprentissage :

Ces caractères ont tous la même signification, mais ont juste un aspect un peu différent étant donné qu'ils sont faits soit à la main, avec des stylos ou des crayons, soit affichés sous forme de police numérique moderne sur un écran (ou en imprimé). Même si l'apparence change légèrement, le sens reste le même.

Partie 2

TABLEAUX HIRAGANA & RÈGLES DE BASE

Ce tableau illustre les 46 Hiragana de base avec leur équivalent phonétique en Romaji. Les voyelles sont en haut et leurs homologues consonantiques sont en bas.

**Notez l'exception 'n' - aussi, *wo est un kana peu commun.

Voyelles

	a	i	u	e	o
	あ a	い i	う u	え e	お o
k	か ka	き ki	く ku	け ke	こ ko
s	さ sa	し shi	す su	せ se	そ so
t	た ta	ち chi	つ tsu	て te	と to
n	な na	に ni	ぬ nu	ね ne	の no
h	は ha	ひ hi	ふ fu	へ he	ほ ho
m	ま ma	み mi	む mu	め me	も mo
y	や ya		ゆ yu		よ yo
r	ら ra	り ri	る ru	れ re	ろ ro
w	わ wa		ん **n		を *wo

Les consonnes

DIACRITIQUE

En plus du Hiragana de base, il existe 25 symboles diacritiques. Ces symboles sont utilisés pour les syllabes à consonance similaire, mais dont la voix est différente. Il s'agit essentiellement des mêmes symboles de base, mais avec des marques supplémentaires pour indiquer qu'elles doivent être prononcées avec un son légèrement différent :

Basique   *avec Dakuten*   *avec Handakuten*

Les Hiragana de base avec ces petits traits (**Dakuten**) ou un cercle (*Handakuten*) au-dessus d'eux montrent que la partie consonante du son doit être modifiée à l'oral :

- Le son **k** se prononce avec un son **g**.
- Le son **s** se transforme en son **z** (sauf pour し).
- Le son **t** devient un son **d**.
- Le son **h** devient un son **b** avec *Dakuten*.
  ...ou le son **P** avec *Handakuten*.

	a	i	u	e	o
k ▶ g	が ga	ぎ gi	ぐ gu	げ ge	ご go
s ▶ z	ざ za	じ ji	ず zu	ぜ ze	ぞ zo
t ▶ d	だ da	ぢ dzi (ji)	づ dzu	で de	ど do
h ▶ b	ば ba	び bi	ぶ bu	べ be	ぼ bo
h ▶ p	ぱ pa	ぴ pi	ぷ pu	ぺ pe	ぽ po

DIGRAPHES

On appelle cet ensemble de symboles des Digraphes - utilisant deux caractères de base que nous avons déjà vus ; ils montrent où deux sons de syllabes sont combinés pour en créer un nouveau :

き + や = きゃ
(ki)   (ya)   (kya)

Lorsque vous écrivez ces lettres, il est essentiel que le deuxième symbole soit nettement plus petit que le premier. Cela nous permet de savoir que les deux sons doivent être combinés.

La prononciation de ces sons Hiragana dits composés est assez simple - par exemple, き (ki) + や (ya) devient きゃ (kya) et nous le prononçons comme 'kiya' sans le son 'i'.

Ne laissez pas le tableau ci-dessous vous effrayer - tous les digraphes sont composés exclusivement de lettres de la colonne い/i (à l'exception de lui-même) et ils ne sont modifiés que par des lettres de la rangée Y !

きゃ	きゅ	きょ		ぎゃ	ぎゅ	ぎょ
kya	kyu	kyo		gya	gyu	gyo
しゃ	しゅ	しょ		じゃ	じゅ	じょ
sha	shu	sho		ja	ju	jo
ちゃ	ちゅ	ちょ		にゃ	にゅ	にょ
cha	chu	cho		nya	nyu	nyo
ひゃ	ひゅ	ひょ		びゃ	びゅ	びょ
hya	hyu	hyo		bya	byu	byo
ぴゃ	ぴゅ	ぴょ		りゃ	りゅ	りょ
pya	pyu	pyo		rya	ryu	ryo
みゃ	みゅ	みょ				
mya	myu	myo				

CONSONNES DOUBLES

Il convient également de savoir que certains mots japonais contiennent un double son consonantique. Pour écrire ces mots, nous ajoutons un symbole supplémentaire sous la forme d'un petit つ/tsu (appelé sokuon) pour montrer qu'il doit être prononcé différemment. Prenons un exemple :

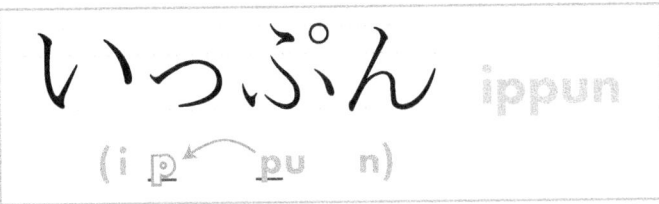

Sans le petit つ (tsu), le mot いぷん (ipun) n'a pas de sens, mais いっぷん (ippun), avec le sokuon, veut dire (une) minute.

On remarque que le petit つ est placé **avant** le caractère dont il prend le son consonantique supplémentaire. Lorsque vous voyez des mots avec ce modificateur, la partie consonante du symbole qui le suit (*dans cet exemple, le "p" de "pu"*) est ajoutée à la fin du son qui le précède.

Les deux consonnes doivent être entendues séparément lorsque le mot est prononcé, comme en disant "**ip-pun**", mais sans laisser d'espace audible.

LES VOYELLES LONGUES

Tout comme pour les consonnes doubles, nous devons être conscients des voyelles allongées (par exemple, aa, ii, oo, ee et uu). À l'oral, nous allongeons simplement la durée du son (généralement double) mais à l'écrit, le son de la voyelle allongée est indiqué par un caractère supplémentaire (appelé chouon). Le caractère utilisé varie en fonction de la voyelle :

Voyelle	Prolongateur
a	あ
i / e	い
u / o	う

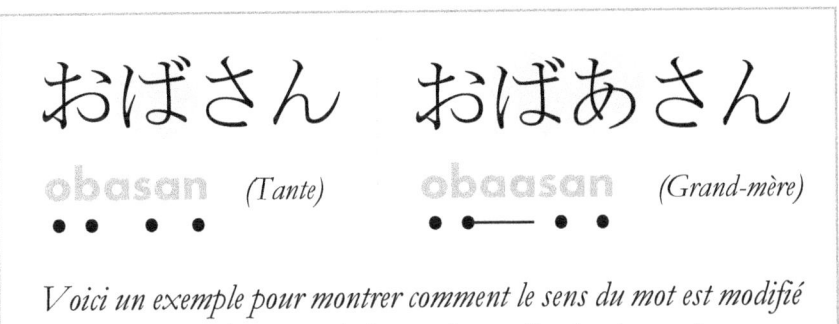

Voici un exemple pour montrer comment le sens du mot est modifié par l'ajout (ou l'exclusion) du son de voyelle plus longue !

La langue japonaise est pleine d'exceptions, mais on les apprend généralement avec la pratique. Il est simplement utile de connaître les consonnes et les voyelles doubles pour l'instant, afin de pouvoir les comprendre lorsque vous en voyez une.

Partie 3

APPRENDRE
À ÉCRIRE
EN HIRAGANA

あ　あ　a

Prononcé comme le "a" de "après" ou "appareil".

APPRENDRE

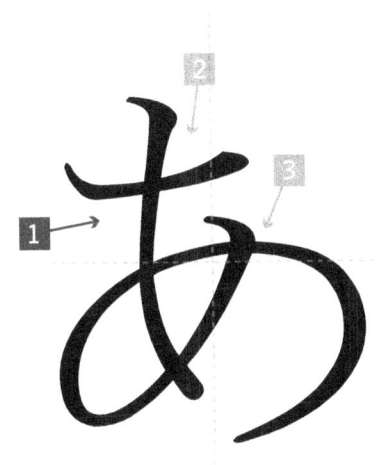

Ce kana se dessine en trois traits : arrêt, arrêt, dégradé.

Le premier trait consiste en une ligne horizontale légèrement inclinée. Le deuxième coupe le premier en deux verticalement, en s'incurvant vers le bas, puis vers l'extérieur en direction du bas. Le troisième trait part du milieu, s'incurve vers le bas et la gauche, avant de remonter vers le haut et la droite. Il traverse son point de départ, puis redescend. Essayez de faire glisser votre stylo à la fin de ce troisième trait.

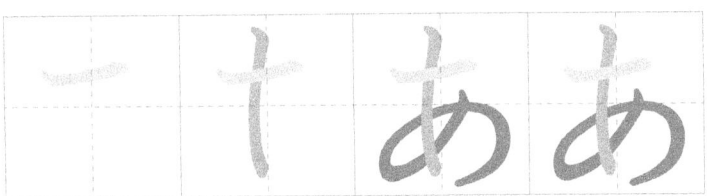

ÉCRIRE

Commencez par tracer les formes dans les grandes cellules ci-dessous.

S'ENTRAÎNER

Ensuite, entraînez-vous à dessiner ce caractère dans ces petites cellules.

い　い　i

Pronounced like the 'ee' in eel.

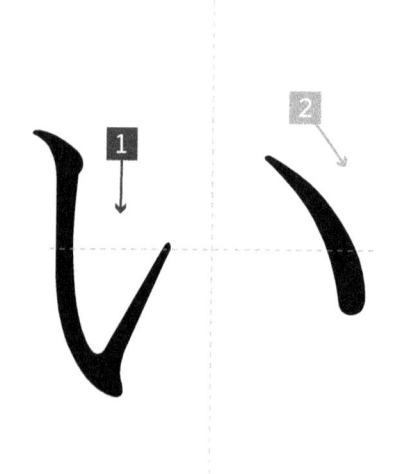

This kana is drawn with two strokes; jump fade, stop.

Le premier trait est une ligne diagonale incurvée qui tourne brusquement vers le haut en bas et se termine par un coup de crayon. Ce type de relâchement avec un virage serré s'appelle un hane. Lorsque vous écrivez un hane, c'est comme si ce trait était relié au suivant. Le deuxième trait commence presque là où le premier s'arrête - dessinez une ligne incurvée opposée au premier trait, plus courte que le premier, sans le hane.

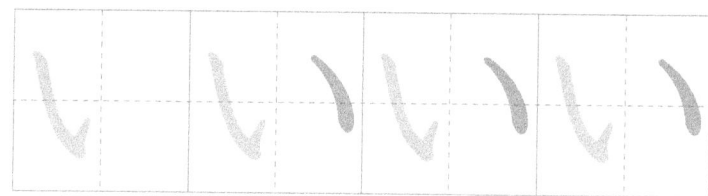

Commencez par tracer les formes dans les grandes cellules ci-dessous.

Ensuite, entraînez-vous à dessiner ce caractère dans ces petites cellules.

う　う　**u**

Prononcé comme le "u" dans "unité".

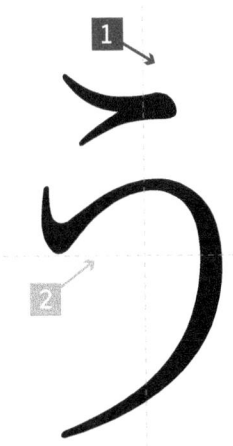

APPRENDRE

Ce kana se dessine avec deux traits ; saut dégradé, arrêt.

Tracez un trait court et oblique en haut au centre, puis faites glisser votre stylo vers l'arrière et vers la gauche. Faites attention au deuxième trait lorsque vous éloignez le stylo - il commence presque là où le premier s'est terminé, dans la même direction. La forme de l'oreille s'incurve vers la droite, puis vers le bas jusqu'au centre. Faites glisser votre stylo lorsque vous terminez ce trait également. Le premier trait ne doit pas être trop grand, sinon il paraîtra disproportionné.

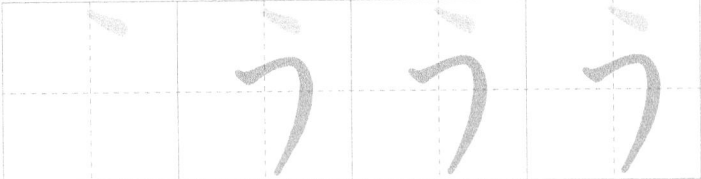

ÉCRIRE　　Commencez par tracer les formes dans les grandes cellules ci-dessous.

S'ENTRAÎNER　　Ensuite, entraînez-vous à dessiner ce caractère dans ces petites cellules.

え　え　**e**

APPRENDRE

Ce kana se dessine avec deux traits ; saut dégradé, arrêt.

On commence comme l'hiragana précédent う, avec un trait court et oblique en haut au centre. Pour le deuxième trait, imaginez que vous écrivez le chiffre 7 et que vous le tracez un peu vers le haut, avant de dessiner une petite vague. Prolongez ce trait, mais ne faites pas glisser le stylo hors de la page.

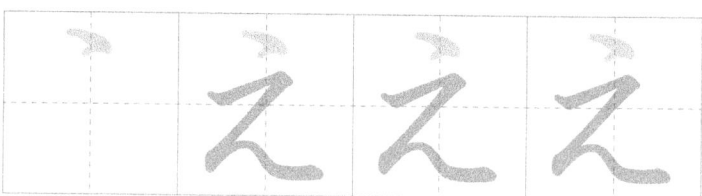

ÉCRIRE　　　　Commencez par tracer les formes dans les grandes cellules ci-dessous.

S'ENTRAÎNER　　　　Ensuite, entraînez-vous à dessiner ce caractère dans ces petites cellules.

 **o**

Prononcé comme le "o" dans "original".

APPRENDRE

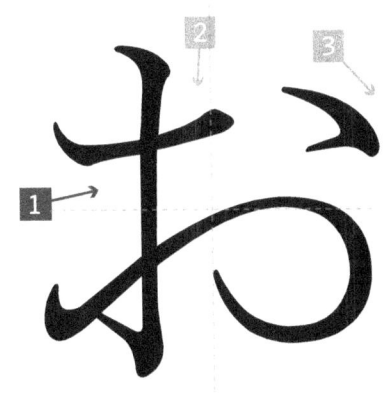

Ce kana se dessine en trois traits : arrêt, dégradé, arrêt.

Commencez par faire un court trait horizontal, comme pour le あ, mais un peu plus bas et vers la gauche. Le deuxième trait coupe le premier en deux avec une ligne verticale, en tournant brusquement vers la gauche en bas. Il tourne ensuite à nouveau pour créer une grande courbe avant d'éteindre votre stylo à la fin. Le troisième petit trait se positionne en haut et à droite du premier trait.

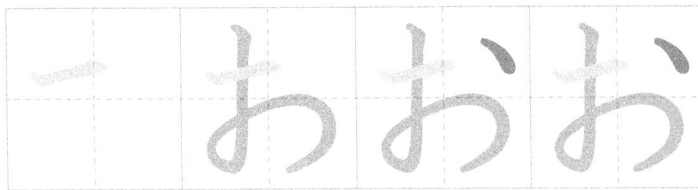

ÉCRIRE · Commencez par tracer les formes dans les grandes cellules ci-dessous.

S'ENTRAÎNER · Ensuite, entraînez-vous à dessiner ce caractère dans ces petites cellules.

か か **ka**

Prononcé comme le "ca" dans "California".

APPRENDRE

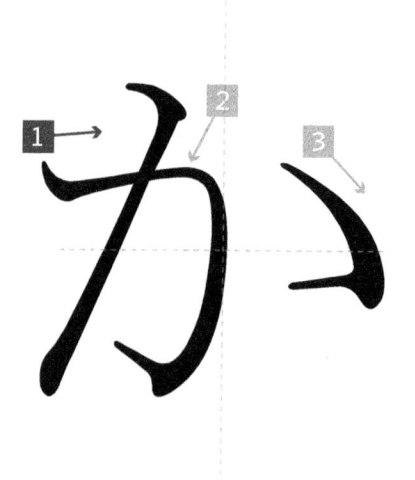

Ce kana se dessine en trois traits : saut, arrêt, arrêt.

Commencez par une ligne horizontale avant de tourner verticalement vers le bas et de vous pencher vers la gauche - terminez par un hane. Le deuxième trait croise le premier, du haut du milieu vers le bas à gauche. Le dernier trait est une courbe inclinée vers la droite. Il est important que ce trait soit plus long que les petits traits des kana précédents, afin qu'il ne soit pas lu comme un modificateur.

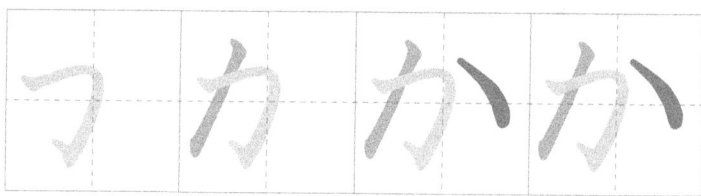

ÉCRIRE   Commencez par tracer les formes dans les grandes cellules ci-dessous.

S'ENTRAÎNER   Ensuite, entraînez-vous à dessiner ce caractère dans ces petites cellules.

20

き き **ki**

Prononcé comme le "ki" dans "kiné".

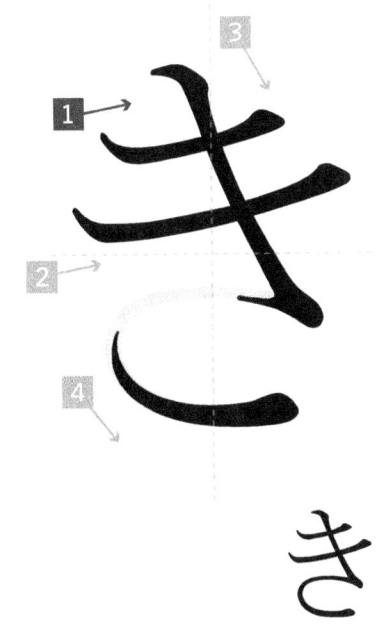

APPRENDRE

Dessiné avec quatre traits ; arrêt, arrêt, saut dégradé, arrêt.

Les deux premiers coups consistent en des lignes parallèles, de gauche à droite, avec un léger angle. Le troisième trait traverse les deux premiers et se termine par une hane. Tracez votre hane vers le haut, pour créer la quatrième marque. Dessinez la dernière marque d'arrêt courbée vers la droite. Vous voyez souvent ces marques reliées entre elles dans certaines polices, comme le montre la petite image à gauche, mais c'est la façon correcte de dessiner ce caractère.

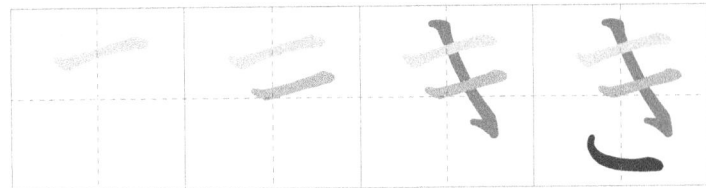

き

ÉCRIRE

Commencez par tracer les formes dans les grandes cellules ci-dessous.

S'ENTRAÎNER

Ensuite, entraînez-vous à dessiner ce caractère dans ces petites cellules.

 **ku**

APPRENDRE

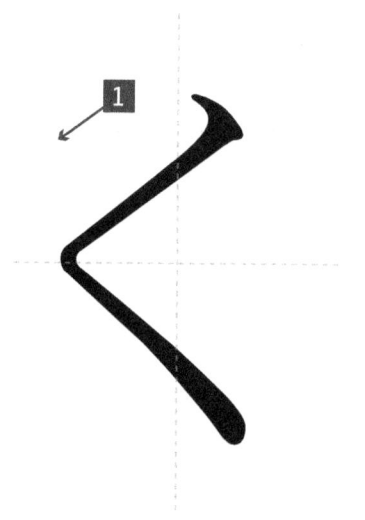

Ce kana se dessine d'un seul trait : un arrêt.

Ce caractère est dessiné en un seul trait, comme une équerre ouverte, mais avec une légère courbure vers l'intérieur. Veillez à ce que les points de départ et d'arrivée soient alignés verticalement, afin de créer un caractère bien équilibré.

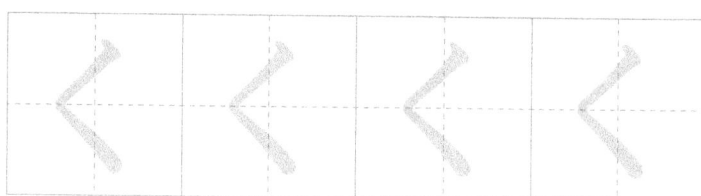

ÉCRIRE   Commencez par tracer les formes dans les grandes cellules ci-dessous.

S'ENTRAÎNER   Ensuite, entraînez-vous à dessiner ce caractère dans ces petites cellules.

け　け **ke**

APPRENDRE

Ce kana a trois traits : un saut dégradé, un arrêt et un dégradé.

Ce caractère est dessiné en un seul trait, comme une équerre ouverte, mais avec une légère courbure vers l'intérieur. Veillez à ce que les points de départ et d'arrivée soient alignés verticalement, afin de créer un caractère bien équilibré.

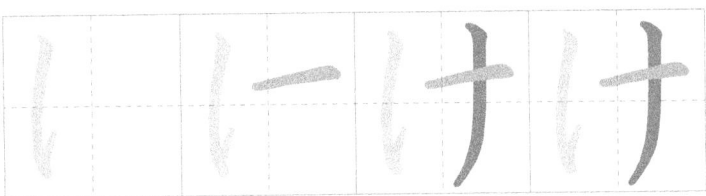

ÉCRIRE　　　　　Commencez par tracer les formes dans les grandes cellules ci-dessous.

S'ENTRAÎNER　　　Ensuite, entraînez-vous à dessiner ce caractère dans ces petites cellules.

こ こ ko

Prononcé comme le "co" de "composition".

APPRENDRE

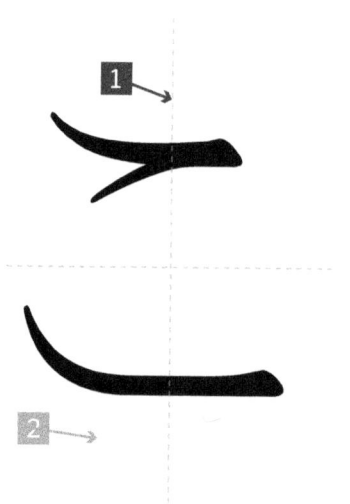

Ce kana se dessine avec deux traits : un saut et un arrêt.

Ce kana se dessine avec deux traits qui se courbent vers l'intérieur et se rejoignent presque pour former une grande boucle. La première marque est une ligne horizontale incurvée se terminant par un hane. Votre deuxième trait commence plus bas et vers la gauche. Les traits doivent donner l'impression qu'ils sont presque reliés pour créer une forme circulaire fermée.

ÉCRIRE

Commencez par tracer les formes dans les grandes cellules ci-dessous.

S'ENTRAÎNER

Ensuite, entraînez-vous à dessiner ce caractère dans ces petites cellules.

さ さ **sa**

PARLER   Prononcé comme le "sa" de "sardines".

APPRENDRE

Ce kana se dessine avec trois traits : arrêt, saut, arrêt.

Écrit de manière similaire à き mais sans le premier trait court. Commencez par la ligne horizontale angulaire de gauche à droite. Votre deuxième trait coupe cette marque et se termine par un hane. Le troisième trait est obtenu en posant votre stylo légèrement après le hane et en le recourbant. Ce kana est souvent affiché comme étant relié, mais la méthode correcte est de lever votre stylo.

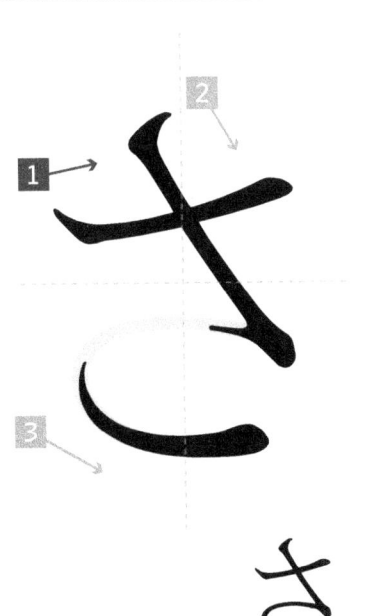

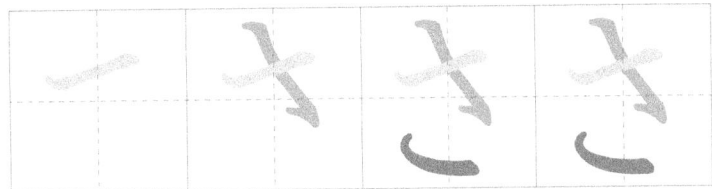

ÉCRIRE   Commencez par tracer les formes dans les grandes cellules ci-dessous.

S'ENTRAÎNER   Ensuite, entraînez-vous à dessiner ce caractère dans ces petites cellules.

し し **shi**

Prononcé comme "chi" dans "Chine".

APPRENDRE

Dessinez ce kana d'un seul trait, dégradé, balayé.

Ce kana s'écrit d'un seul trait. Il commence par un trait vertical de haut en bas avant de s'incurver vers la droite et vers le haut. Faites glisser votre stylo de la page à la fin.

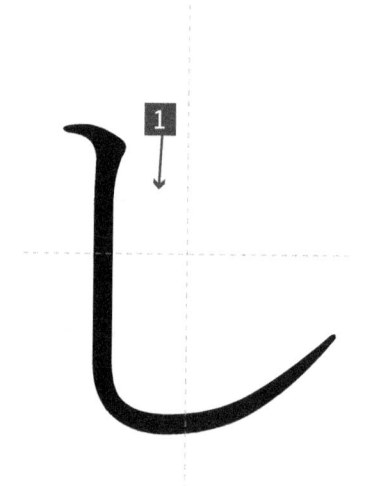

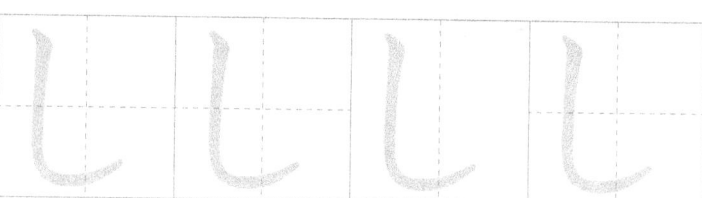

ÉCRIRE

Commencez par tracer les formes dans les grandes cellules ci-dessous.

S'ENTRAÎNER

Ensuite, entraînez-vous à dessiner ce caractère dans ces petites cellules.

す　す　**su**

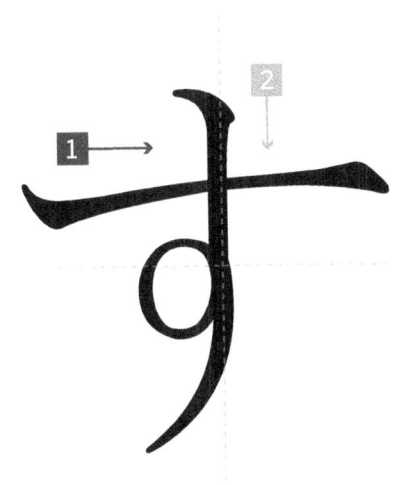

PARLER　Prononcé comme le "su" de "super".

APPRENDRE

Il y a deux coups : un arrêt, et un dégradé en boucle.

Commencez par tracer un trait long de gauche à droite. Le deuxième trait part du haut et traverse le premier. Ensuite, il forme une boucle juste après l'intersection. Terminez-le en l'incurvant vers la gauche et faites glisser votre stylo du papier à la fin pour estomper le trait. Essayez de couper le premier trait légèrement décentré, vers la droite. Cela créera plus d'espace pour votre boucle ci-dessous.

ÉCRIRE　　　Commencez par tracer les formes dans les grandes cellules ci-dessous.

S'ENTRAÎNER　　　Ensuite, entraînez-vous à dessiner ce caractère dans ces petites cellules.

せ せ **se**

Prononcé comme "sé" dans "Sénégal".

APPRENDRE

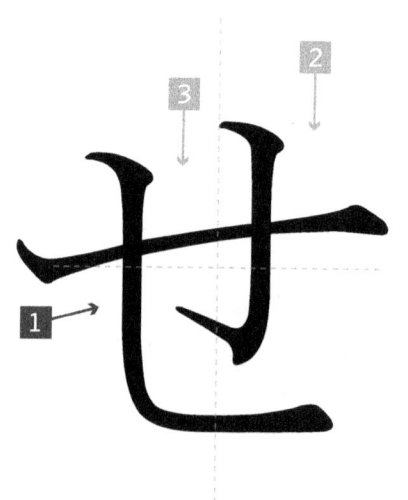

Ce kana se dessine en trois traits : arrêt, saut, arrêt.

Commencez ce caractère par un long trait horizontal, de gauche à droite. Le deuxième trait est une ligne verticale plus courte, vers la droite, et se termine par une hane vers le haut et la gauche. Levez votre stylo, mais gardez l'élan dans la même direction pour préparer le troisième trait. Tracez une ligne verticale vers le bas et courbez autour et vers la droite. Ne donnez pas de coup de stylo ici. Les deux premières marques doivent couper la première avec des espaces réguliers.

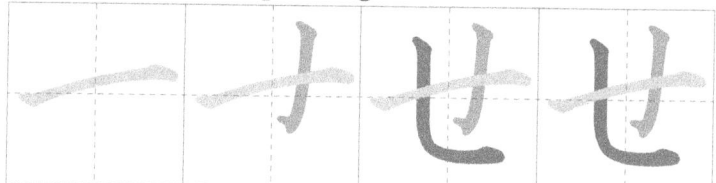

ÉCRIRE

Commencez par tracer les formes dans les grandes cellules ci-dessous.

S'ENTRAÎNER

Ensuite, entraînez-vous à dessiner ce caractère dans ces petites cellules.

そ そ **SO**

APPRENDRE

Ce kana est obtenu par un seul trait en zig-zag ; arrêt.

Commencez par tracer le "Z" dans la moitié supérieure, avant d'ajouter le "C" en dessous - ne levez pas votre stylo de la page. Le "C" doit se terminer sans mouvement vers le haut. Veillez à ce que la ligne horizontale du milieu soit plus longue que celle du haut. Bien que cela soit rare, vous pouvez voir ce caractère affiché en deux traits dans certaines polices.

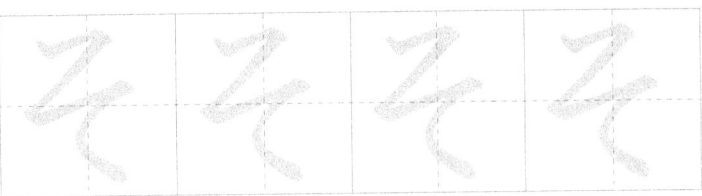

ÉCRIRE   Commencez par tracer les formes dans les grandes cellules ci-dessous.

S'ENTRAÎNER   Ensuite, entraînez-vous à dessiner ce caractère dans ces petites cellules.

た た **ta**

Prononcé comme le "ta" de "tapis".

APPRENDRE

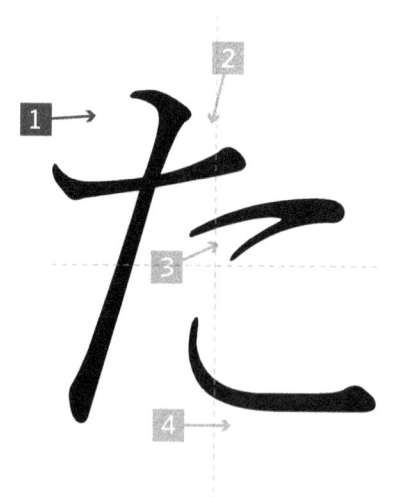

Ce kana se dessine avec quatre traits ; ce sont tous des arrêts.

Tracez un "t" minuscule, avec la ligne verticale pointant vers le bas et la gauche. Faites-le dans la moitié gauche de la cellule, afin qu'il y ait de la place pour la partie suivante. Votre troisième trait crée une petite marque incurvée à droite de la forme en T et le quatrième trait est effectué en dessous, avec une courbe opposée au trait précédent. Les deux derniers traits doivent donner l'impression qu'ils sont presque reliés pour donner une forme circulaire.

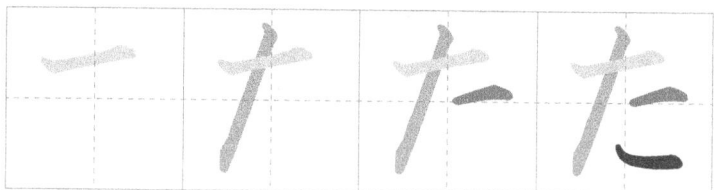

ÉCRIRE

Commencez par tracer les formes dans les grandes cellules ci-dessous.

S'ENTRAÎNER

Ensuite, entraînez-vous à dessiner ce caractère dans ces petites cellules.

ち ち **chi**

Prononcé comme le "chi" de "tai-chi".

APPRENDRE

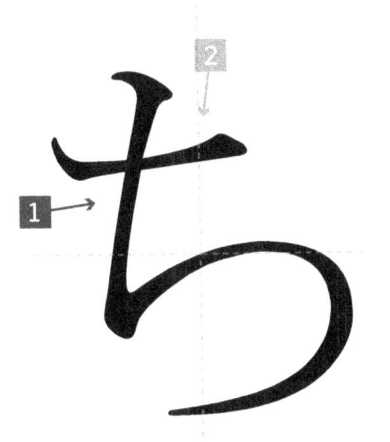

Ce kana se dessine en deux traits : arrêt, dégradé.

Ce caractère s'écrit comme une image miroir de さ, mais il n'est pas nécessaire de lever votre stylo. Tracez votre premier trait de gauche à droite, en formant un léger angle. Votre deuxième trait est une ligne légèrement diagonale vers le bas et la gauche, qui croise la première. À l'approche du bas, il se recourbe vers le haut et vers la droite, créant une forme circulaire et se terminant par une pichenette de la page.

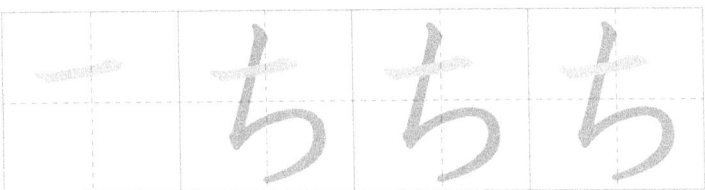

ÉCRIRE

Commencez par tracer les formes dans les grandes cellules ci-dessous.

S'ENTRAÎNER

Ensuite, entraînez-vous à dessiner ce caractère dans ces petites cellules.

つ　つ **tsu**

PARLER   Prononcé comme le "tsu" de "tsunami".

APPRENDRE

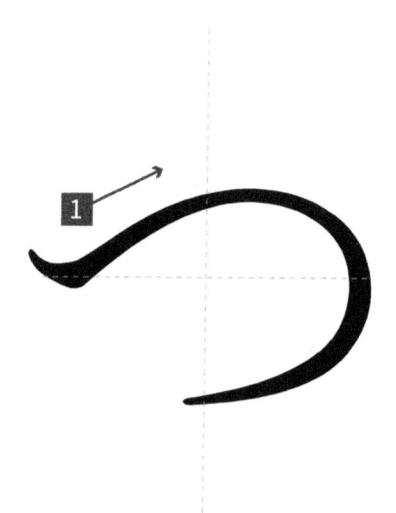

Ce kana se dessine d'un seul trait, le dégradé.

Ce kana, l'un des caractères les plus simples, est composé d'une longue courbe qui s'estompe à la fin. Dégradez le trait en faisant glisser votre stylo sur la page lorsque vous approchez de la fin de l'arc.

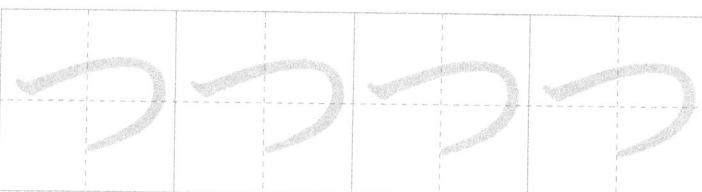

ÉCRIRE   Commencez par tracer les formes dans les grandes cellules ci-dessous.

S'ENTRAÎNER   Ensuite, entraînez-vous à dessiner ce caractère dans ces petites cellules.

て　て　**te**

APPRENDRE

Ce kana se dessine d'un seul trait : un arrêt.

D'un seul trait, tracez un léger angle vers le haut, de gauche à droite, avant de revenir vers la gauche et le bas. Gardez le stylo sur le papier pendant que vous créez une grande courbe en forme de "C". Comme il s'agit d'une marque d'arrêt, ne bougez pas votre stylo de la page.

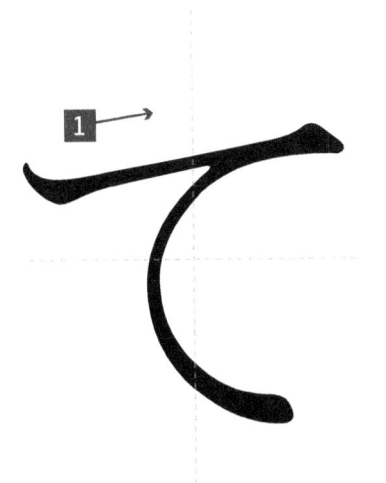

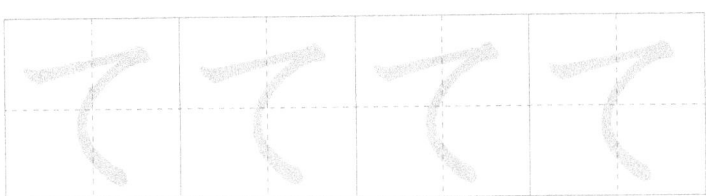

ÉCRIRE

Commencez par tracer les formes dans les grandes cellules ci-dessous.

S'ENTRAÎNER

Ensuite, entraînez-vous à dessiner ce caractère dans ces petites cellules.

と と　**to**

PARLER　Prononcé comme le "to" de "ton".

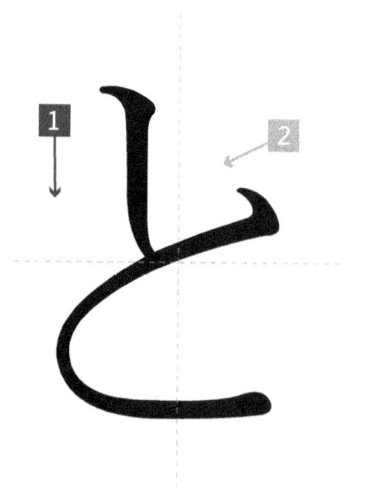

APPRENDRE

Ce kana se compose de deux traits ; arrêt, arrêt.

Le premier trait consiste en une petite ligne légèrement inclinée, terminant au milieu de la cellule. Votre deuxième trait est une grande ligne incurvée qui rejoint l'extrémité de la première au milieu. Il s'incurve ensuite vers la gauche et se dirige vers le bas à droite de la cellule. Les points de départ et d'arrivée de votre deuxième trait doivent être alignés verticalement. Votre deuxième trait ne doit pas croiser le premier, mais passer par son extrémité.

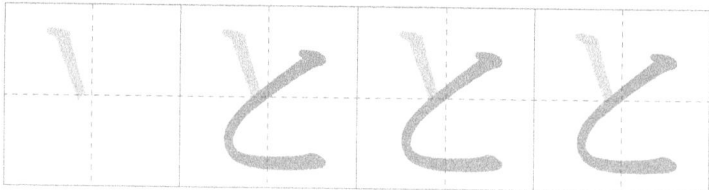

ÉCRIRE　Commencez par tracer les formes dans les grandes cellules ci-dessous.

S'ENTRAÎNER　Ensuite, entraînez-vous à dessiner ce caractère dans ces petites cellules.

な な **na**

APPRENDRE

Ce kana a quatre traits ; arrêt, arrêt, saut dégradé et arrêt.

Commencez par un trait horizontal court et angulaire sur la gauche. Votre deuxième trait est une diagonale plus longue qui coupe la première, en bas et à gauche - ne la rendez pas trop longue. Le troisième trait est une ligne courbe sur le côté droit, qui se termine par un hane. Au moment où vous relevez votre stylo, commencez immédiatement le quatrième trait vers le bas avant de faire une boucle sur lui-même. Terminez cette boucle par un arrêt sous le troisième trait.

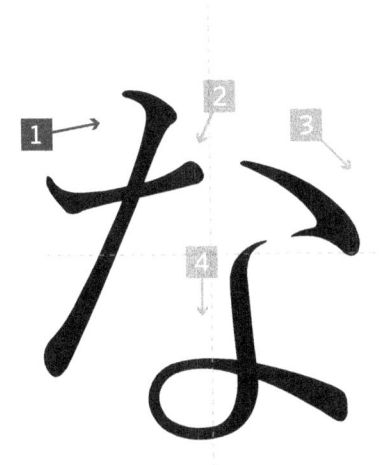

ÉCRIRE   Commencez par tracer les formes dans les grandes cellules ci-dessous.

S'ENTRAÎNER   Ensuite, entraînez-vous à dessiner ce caractère dans ces petites cellules.

に に ni

APPRENDRE

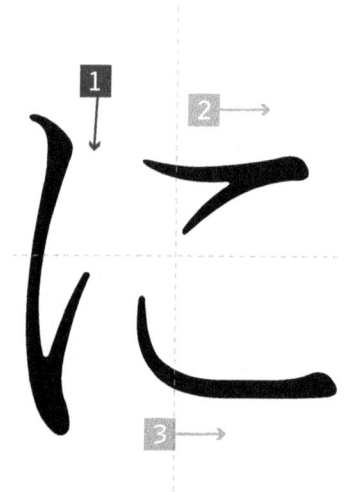

Ce kana a trois traits : un saut dégradé, et deux arrêts.

Tout comme les caractères précédents, commencez par une ligne verticale vers le bas sur le côté gauche, et terminez par un hane vers le haut sur la droite. Votre deuxième trait est presque une continuation du hane, et est une petite ligne horizontale courbée. La dernière marque est une courbe dans la direction opposée, formant presque un cercle. Ne faites pas glisser votre stylo sur l'extrémité, car il s'agit d'une marque d'arrêt.

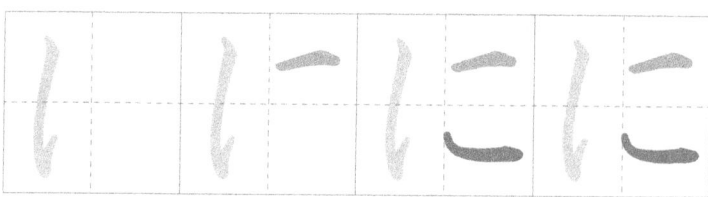

ÉCRIRE   Commencez par tracer les formes dans les grandes cellules ci-dessous.

S'ENTRAÎNER   Ensuite, entraînez-vous à dessiner ce caractère dans ces petites cellules.

ぬ ぬ **nu**

Prononcé comme le "nu" de "nuance".

APPRENDRE

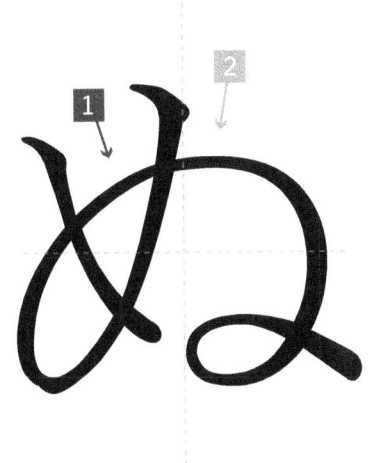

Dessiné avec deux traits ; un arrêt et une longue boucle d'arrêt.

Commencez par dessiner un trait légèrement courbé en angle. Votre deuxième trait commence à la même hauteur, mais s'incurve vers le premier. Il s'incurve ensuite vers le haut et vers la droite. Lorsque votre stylo approche de la partie inférieure droite de la cellule, faites une boucle vers la droite. Veillez à faire correspondre les espaces entre les lignes de l'exemple pour que votre caractère soit bien équilibré.

ÉCRIRE

Commencez par tracer les formes dans les grandes cellules ci-dessous.

S'ENTRAÎNER

Ensuite, entraînez-vous à dessiner ce caractère dans ces petites cellules.

ね ね ne

Prononcé comme le "né" de "négative".

APPRENDRE

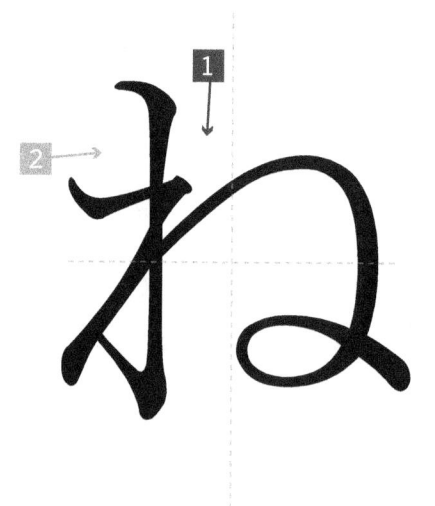

Ce kana se dessine avec deux traits ; arrêt, arrêt long.

Tracez la ligne verticale de haut en bas. Commencez votre deuxième trait par une courte ligne horizontale qui passe au-dessus de la première, avant de déplacer votre stylo vers le bas, du côté gauche. Sans retirer votre stylo de la page, le deuxième trait revient vers le haut et continue à créer un grand arc. À l'approche du coin inférieur droit, faites une petite boucle vers la droite pour compléter le caractère.

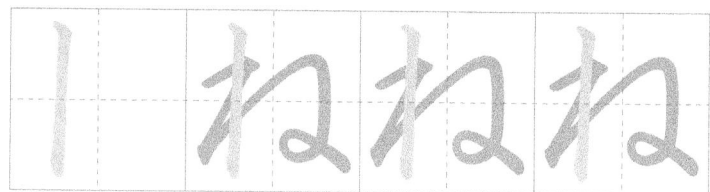

ÉCRIRE

Commencez par tracer les formes dans les grandes cellules ci-dessous.

S'ENTRAÎNER

Ensuite, entraînez-vous à dessiner ce caractère dans ces petites cellules.

 **no**

APPRENDRE

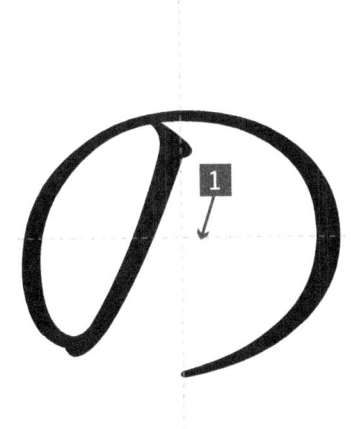

Ce kana s'écrit d'un seul trait : un long dégradé.

En partant de la partie centrale supérieure de la cellule, tirez votre stylo vers le bas et en diagonale vers la gauche. À partir du bas de cette ligne, déplacez votre stylo vers le haut et vers la droite dans un grand mouvement circulaire, en passant par le point de départ. En passant par votre point de départ, veillez à ne pas dessiner votre courbe trop bas et à ne pas laisser la ligne verticale dépasser. Ramenez l'arc de cercle et donnez un coup de stylo.

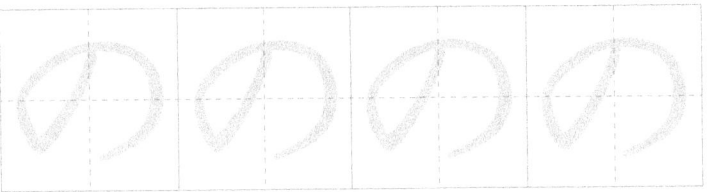

ÉCRIRE
Commencez par tracer les formes dans les grandes cellules ci-dessous.

S'ENTRAÎNER
Ensuite, entraînez-vous à dessiner ce caractère dans ces petites cellules.

は は ha

Prononcé comme le "ha" quand on rit, comme ha-ha

APPRENDRE

Dessinez ce kana avec trois traits : saut, arrêt, boucle arrêt.

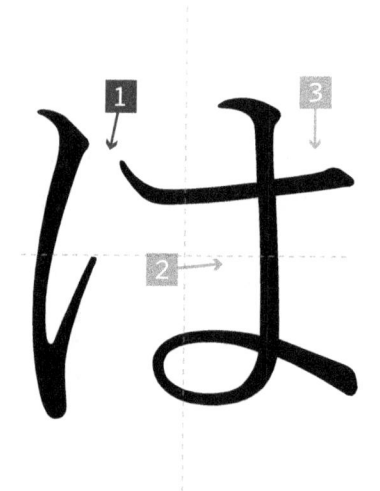

Vos deux premiers traits sont semblables à ceux de l'hiragana け, avec un trait vertical incurvé se terminant par un hane. Le deuxième trait est une ligne horizontale plus courte vers la droite. Votre troisième trait passera par le deuxième, dessiné verticalement vers le bas et se terminant par une petite boucle sur lui-même vers la droite.

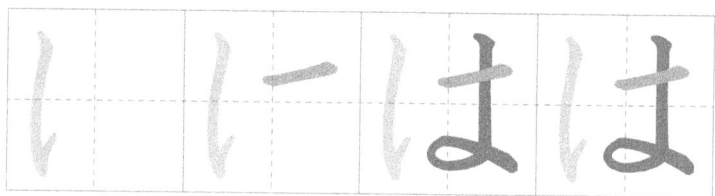

ÉCRIRE

Commencez par tracer les formes dans les grandes cellules ci-dessous.

S'ENTRAÎNER

Ensuite, entraînez-vous à dessiner ce caractère dans ces petites cellules.

ひ ひ **hi**

Prononcé comme le "hi" de "hippopotame".

APPRENDRE

Ce kana est dessiné d'un seul coup : un arrêt de balayage.

Commencez par tracer une ligne courte, légèrement inclinée, avant de revenir un peu vers la gauche. Gardez votre stylo sur la page et créez une grande courbe en forme de "U" autour de la moitié inférieure de la cellule. Une fois que vous êtes revenu près du sommet, et sans lever votre stylo, tracez un peu en arrière, puis vers la droite avec une ligne incurvée jusqu'à un arrêt. Ne faites pas de geste brusque avec votre stylo ici.

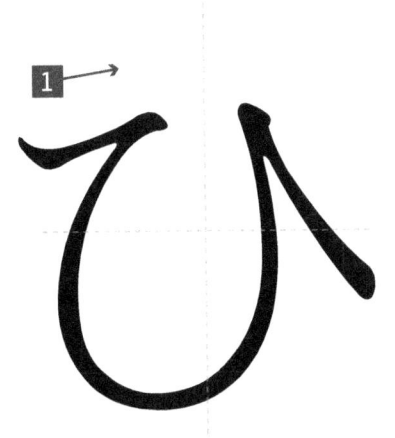

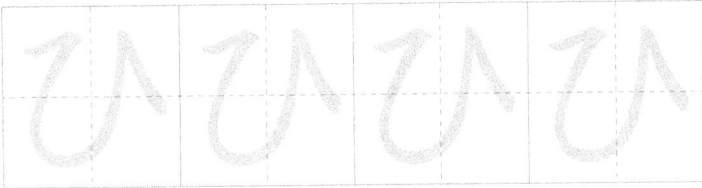

ÉCRIRE

Commencez par tracer les formes dans les grandes cellules ci-dessous.

S'ENTRAÎNER

Ensuite, entraînez-vous à dessiner ce caractère dans ces petites cellules.

ふ ふ **fu**

Prononcé comme le "hu" de "humain".

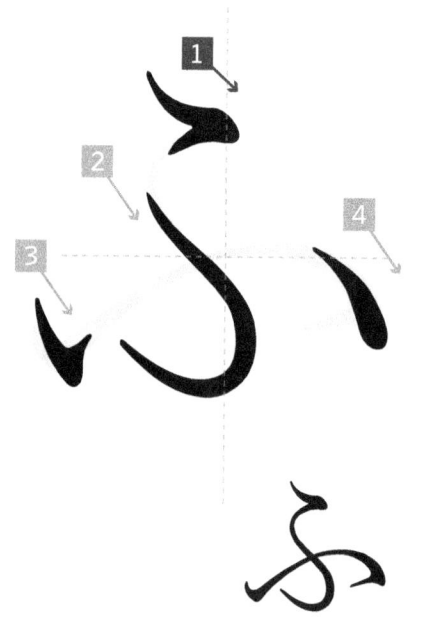

APPRENDRE

Dessiné avec quatre traits : saut dégradé, saut, arrêt, et arrêt.

Commencez par un coup de stylo court et incliné qui se termine par une hane en haut au centre. Votre deuxième trait est ensuite une sorte de nez qui doit se terminer par une pichenette vers le début du troisième trait. Il s'agit d'un autre trait court et incliné qui se termine par un hane, en haut et à droite. Pour le quatrième trait, levez votre stylo vers le côté droit où vous dessinez la dernière ligne courte et incurvée.

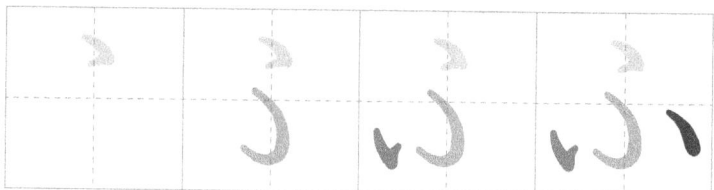

ÉCRIRE Commencez par tracer les formes dans les grandes cellules ci-dessous.

S'ENTRAÎNER Ensuite, entraînez-vous à dessiner ce caractère dans ces petites cellules.

 **he**

APPRENDRE

Ce kana est fait d'un seul coup : un arrêt.

Commencez au milieu, à gauche de la cellule, et dessinez votre stylo en diagonale vers le haut et la droite sur une courte distance - mais ne traversez pas la ligne directrice centrale. Sans lever votre stylo, continuez à tracer la ligne diagonale la plus longue vers le bas et la droite. Le "haut" de cette forme en "V" inversé ne doit pas se trouver au centre.

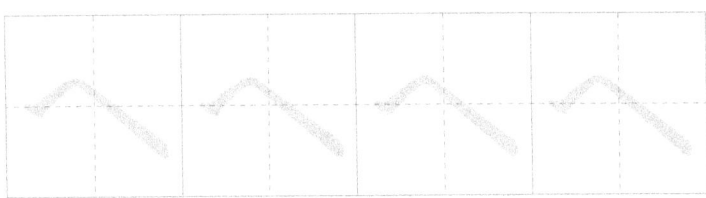

ÉCRIRE   Commencez par tracer les formes dans les grandes cellules ci-dessous.

S'ENTRAÎNER   Ensuite, entraînez-vous à dessiner ce caractère dans ces petites cellules.

ほ ほ ho

APPRENDRE

Il y a quatre coups : saut dégradé, arrêt, arrêt, arrêt en boucle.

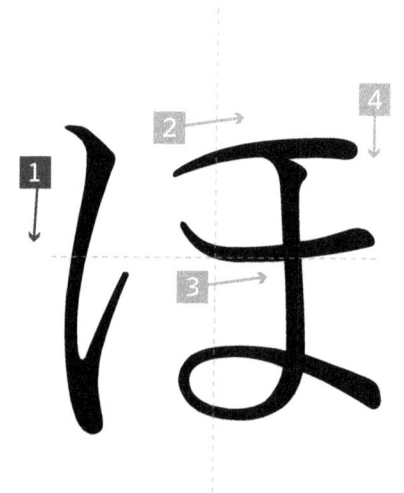

Comme pour les premiers traits de は, に, et け, commencez par une ligne verticale courbe qui se termine par un hane. Les deuxième et troisième traits sont de courtes lignes parallèles en haut à droite. Votre marque finale doit commencer sur la deuxième ligne - faites attention à ne pas commencer au-dessus. Déplacez votre stylo vers le bas, à travers le troisième trait, et terminez par une boucle de retour sur votre trait vers la droite.

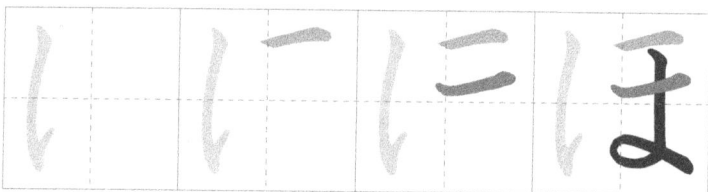

ÉCRIRE

Commencez par tracer les formes dans les grandes cellules ci-dessous.

S'ENTRAÎNER

Ensuite, entraînez-vous à dessiner ce caractère dans ces petites cellules.

ま ま **ma**

APPRENDRE

Dessiné avec trois traits ; arrêt, arrêt, arrêt en boucle.

Dessinez ce kana avec des lignes horizontales parallèles, toutes deux tracées de gauche à droite. Le premier trait doit être un peu plus long que le second. Votre troisième trait part du haut, traverse les deux premiers et se termine par une boucle en bas. La clé pour dessiner ce kana avec précision consiste à ne pas rendre les premiers traits trop longs, tout en restant un peu plus large que la boucle à la fin.

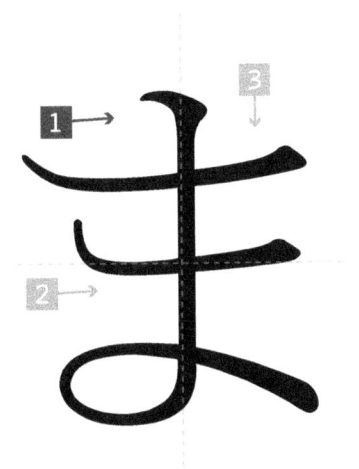

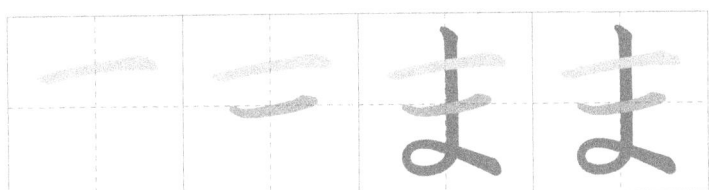

ÉCRIRE Commencez par tracer les formes dans les grandes cellules ci-dessous.

S'ENTRAÎNER Ensuite, entraînez-vous à dessiner ce caractère dans ces petites cellules.

み み **mi**

APPRENDRE

Dessiné en deux temps : un long arrêt en boucle, et un dégradé.

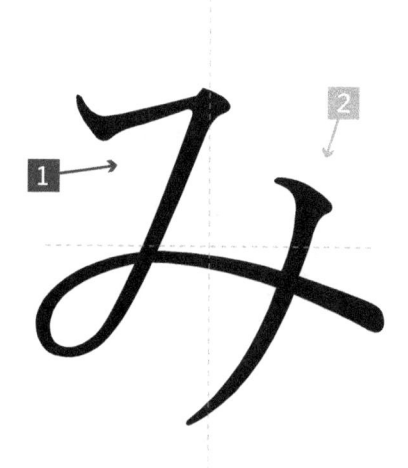

Commencez par tracer une courte ligne horizontale, puis déplacez votre stylo vers le bas et vers la gauche. Sans retirer votre stylo de la page, faites une boucle en bas et terminez le trait par un arc vers la droite. Votre deuxième trait est une courbe, se déplaçant vers le bas et la gauche, et coupant l'arc du premier trait. Faites glisser votre stylo de la page pour estomper ce trait à la fin.

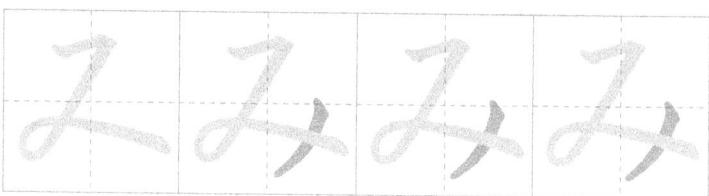

ÉCRIRE Commencez par tracer les formes dans les grandes cellules ci-dessous.

S'ENTRAÎNER Ensuite, entraînez-vous à dessiner ce caractère dans ces petites cellules.

む む **mu**

Prononcé comme "mu" de "musique".

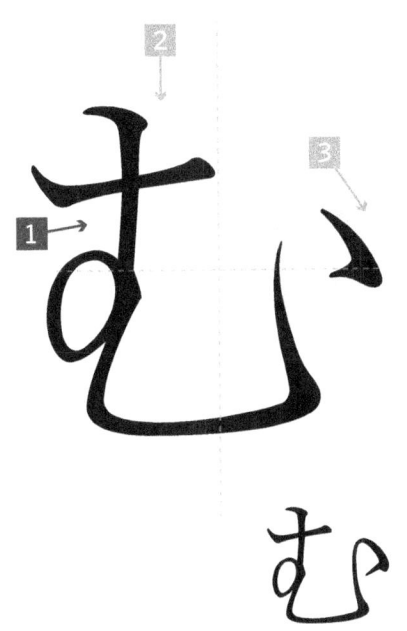

APPRENDRE

Dessinez ce kana avec trois traits ; arrêt, dégradé en boucle, arrêt.

Pour commencer, nous dessinons ce kana de manière similaire à す, avec un trait horizontal sur le côté gauche de la cellule. La deuxième marque commence en haut et est dessinée vers le bas, à travers le premier trait, puis forme une boucle sous le centre. En gardant votre stylo sur le papier après la boucle, dessinez vers le bas, en travers vers la droite, puis brusquement vers le haut. Arrêtez-vous avant d'atteindre le premier trait. Terminez par une ligne courte et inclinée.

ÉCRIRE

Commencez par tracer les formes dans les grandes cellules ci-dessous.

S'ENTRAÎNER

Ensuite, entraînez-vous à dessiner ce caractère dans ces petites cellules.

め め me

Prononcé comme "mé" de "mémoire".

APPRENDRE

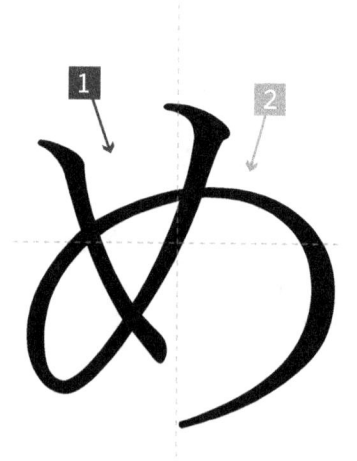

Ce kana se dessine avec deux traits ; arrêt, long dégradé.

On l'écrit d'une manière similaire à ぬ, mais sans boucle à la fin. Tracez d'abord le trait diagonal incurvé vers le bas et la droite. Le deuxième trait commence à une hauteur similaire au premier, mais s'incurve dans le sens opposé. Continuez ce trait en faisant un grand mouvement circulaire, mais retirez votre stylo du papier à la fin. Essayez de faire correspondre les espaces entre les lignes pour créer un caractère précis.

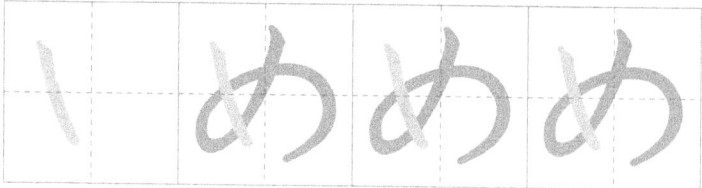

ÉCRIRE

Commencez par tracer les formes dans les grandes cellules ci-dessous.

S'ENTRAÎNER

Ensuite, entraînez-vous à dessiner ce caractère dans ces petites cellules.

も も **mo**

Prononcé comme le "mo" de "moment".

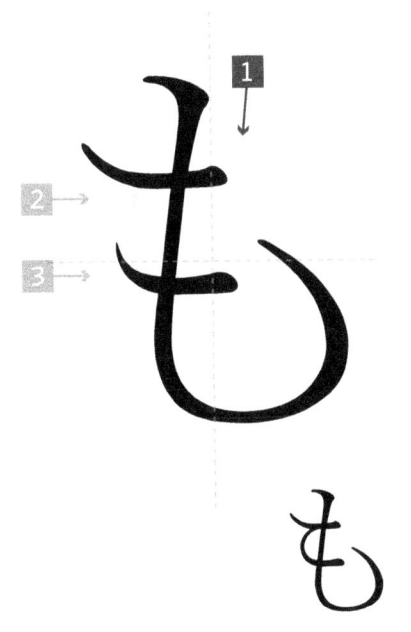

APPRENDRE

Ce kana a trois traits : long dégradé, arrêt, arrêt.

Comme pour l'hiragana し, on commence par dessiner la forme d'un hameçon et on termine par un coup de stylo en l'incurvant. Vos deuxième et troisième traits sont deux lignes parallèles et horizontales qui coupent le premier trait. Ce caractère peut également être vu avec les deuxième et troisième traits reliés dans certaines polices, comme le montre l'image plus petite à gauche.

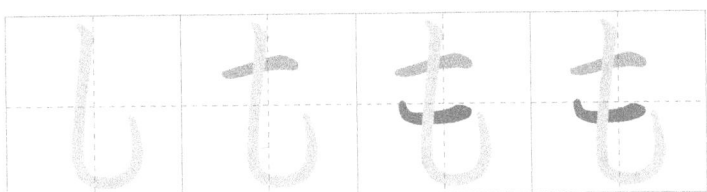

ÉCRIRE   Commencez par tracer les formes dans les grandes cellules ci-dessous.

S'ENTRAÎNER   Ensuite, entraînez-vous à dessiner ce caractère dans ces petites cellules.

や　や　**ya**

Prononcé comme le "ya" de "yaourt".

Dessinez ce kana en trois traits : dégradé, saut, arrêt.

Commencez par une ligne diagonale peu profonde vers le haut et la droite, avant de revenir en arrière. Le deuxième trait est une ligne courte en haut, près du centre. Le troisième et dernier trait est une ligne diagonale plus longue allant du haut de la gauche vers le bas de la droite - il devrait croiser le premier trait à environ un tiers de la largeur à partir de la gauche. On peut également voir que les traits 2 et 3 sont reliés, comme le montre la petite image à gauche.

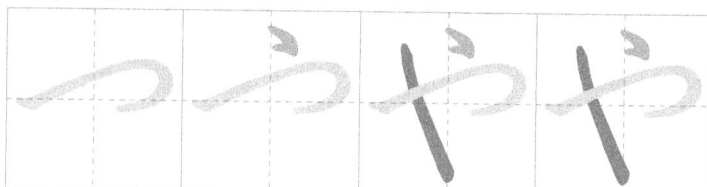

ÉCRIRE　　Commencez par tracer les formes dans les grandes cellules ci-dessous.

S'ENTRAÎNER　　Ensuite, entraînez-vous à dessiner ce caractère dans ces petites cellules.

 **yu**

Prononcé comme le "yu" du prénom "Yusef".

APPRENDRE

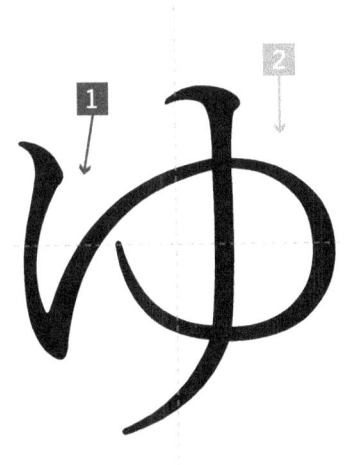

Ce kana est dessiné avec deux traits : dégradé, dégradé.

Commencez par une ligne légèrement incurvée vers le bas avant de remonter un peu. Sans décoller votre stylo de la page, continuez en dessinant une grande courbe qui se referme presque comme un cercle sur elle-même. Votre deuxième trait est une ligne verticale qui s'incurve vers la gauche, coupant la grande courbe du premier. Terminez le trait en retirant votre stylo de la feuille pour l'estomper.

ÉCRIRE

Commencez par tracer les formes dans les grandes cellules ci-dessous.

S'ENTRAÎNER

Ensuite, entraînez-vous à dessiner ce caractère dans ces petites cellules.

51

 **yo**

Prononcé comme le "yo" de yo-yo.

APPRENDRE

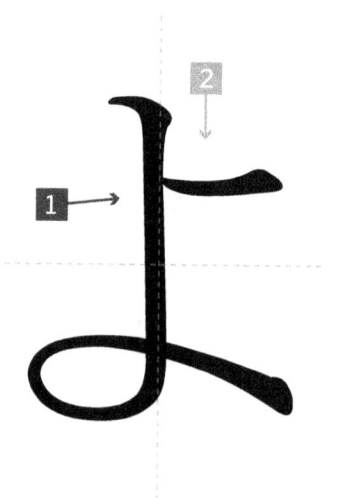

Ce kana est dessiné avec deux traits ; saut dégradé, arrêt.

Le premier trait est une courte ligne horizontale, partant du centre et se déplaçant vers la droite. Votre deuxième trait commence comme une ligne verticale à partir du centre supérieur de la cellule et est dessiné vers le bas avant de se terminer par une petite boucle sur elle-même et de s'arrêter en bas à droite. N'utilisez pas le stylo ici, car il s'agit d'une marque d'arrêt.

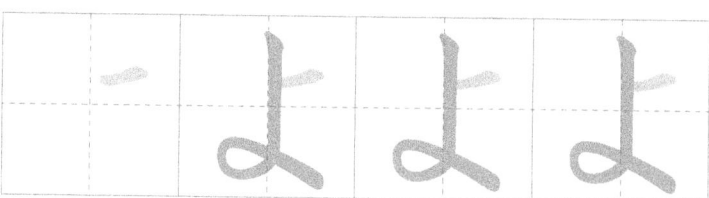

ÉCRIRE

Commencez par tracer les formes dans les grandes cellules ci-dessous.

S'ENTRAÎNER

Ensuite, entraînez-vous à dessiner ce caractère dans ces petites cellules.

ら　ら　**ra**

Prononcé comme le "la" de "lavande".

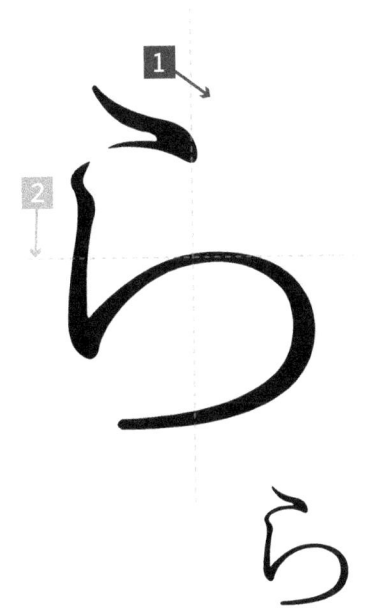

APPRENDRE

Ce kana se dessine avec deux traits : un saut et un long dégradé.

Le premier trait est une ligne relativement courte, faite en angle près du haut de la cellule. Ensuite, de la même manière que pour le dessin du chiffre 5, le trait suivant se déplace verticalement vers le bas, puis vers la droite en formant une grande courbe. La courbe doit remonter un peu, avant de tourner pour revenir vers le bas. Terminez par un coup de stylo. Ce caractère peut aussi être vu comme une seule forme jointe.

ÉCRIRE

Commencez par tracer les formes dans les grandes cellules ci-dessous.

S'ENTRAÎNER

Ensuite, entraînez-vous à dessiner ce caractère dans ces petites cellules.

り り **ri**

Prononcé comme le "li" de "lire".

Ce kana est dessiné avec deux traits : saut, dégradé.

Souvent présenté comme un trait unique, la manière correcte d'écrire ce caractère est de le faire en deux traits. Le premier est une ligne qui descend et se termine par un hane vers le haut et la droite. Lorsque votre hane se termine, posez votre stylo sur le papier pour créer le deuxième trait. Dessinez une longue ligne incurvée vers le bas et vers la gauche, en retirant votre stylo de la page à la fin pour faire un effet dégradé.

ÉCRIRE

Commencez par tracer les formes dans les grandes cellules ci-dessous.

S'ENTRAÎNER

Ensuite, entraînez-vous à dessiner ce caractère dans ces petites cellules.

る る **ru**

Prononcé comme le "lu" de "lucarne".

APPRENDRE

Celui-ci est dessiné d'un seul trait : un long arrêt en zigzag incurvé.

Ce caractère à trait unique commence par un petit trait horizontal de gauche à droite, avant de tourner et de descendre vers la gauche avec une marque plus longue. Sans lever votre stylo, remontez un peu et créez une grande boucle circulaire, avec une autre boucle beaucoup plus petite à la fin. La plus petite boucle ne doit pas dépasser la ligne, mais se terminer au-dessus de celle-ci.

ÉCRIRE

Commencez par tracer les formes dans les grandes cellules ci-dessous.

S'ENTRAÎNER

Ensuite, entraînez-vous à dessiner ce caractère dans ces petites cellules.

れ れ re

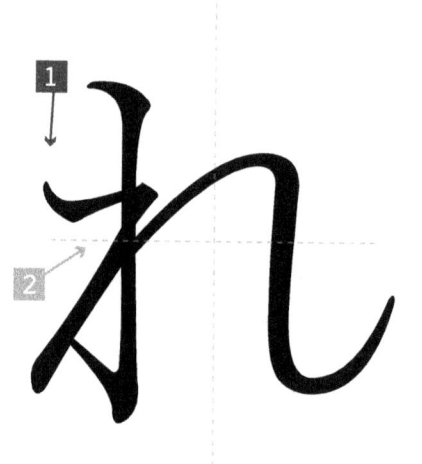

PARLER   Prononcé comme le "lé" de "lézard".

APPRENDRE

Dessiné en deux traits : un arrêt, puis un dégradé en zigzag.

Commençant par une ligne verticale de haut en bas, ce kana est réalisé avec seulement deux traits. Le second commence par un trait horizontal assez court en travers du premier, avant d'aller en diagonale vers le bas et la gauche, croisant à nouveau la ligne verticale. Sans lever le stylo, revenez en arrière vers le haut puis dessinez une forme de vague haute vers la droite. En haut, dessinez une courbe vers le bas et vers le haut à droite, en terminant par une pichenette.

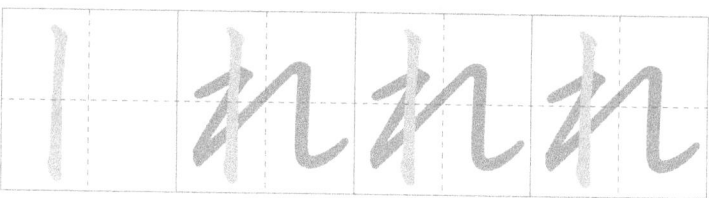

ÉCRIRE

Commencez par tracer les formes dans les grandes cellules ci-dessous.

S'ENTRAÎNER

Ensuite, entraînez-vous à dessiner ce caractère dans ces petites cellules.

ろ ろ **ro**

PARLER Prononcé comme le "lo" de "losange".

APPRENDRE

Ce kana est dessiné d'un seul trait : dégradé en zig-zag.

On écrit le ろ à peu près de la même manière qu'on écrit le る, sauf qu'il n'y a pas de boucle à la fin. Commencez par un trait court horizontal assez court de gauche à droite et poursuivez avec un trait diagonal vers le bas et le retour vers la gauche. Remontez un peu vers le haut, puis terminez le trait en faisant la grande courbe vers la droite et en revenant vers l'intérieur - le tout en une seule action fluide, qui se termine par une pichenette de la page.

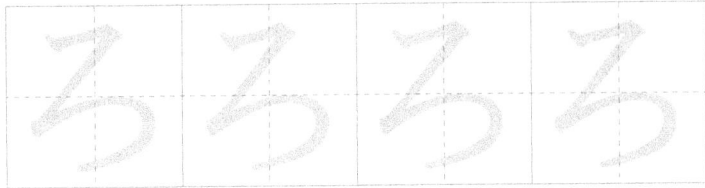

ÉCRIRE

Commencez par tracer les formes dans les grandes cellules ci-dessous.

S'ENTRAÎNER

Ensuite, entraînez-vous à dessiner ce caractère dans ces petites cellules.

わ わ **wa**

APPRENDRE

Ce kana se dessine avec deux traits ; arrêt, dégradé en zig-zag.

Commencez par le trait vertical de haut en bas, à gauche du centre et terminez par une hane vers le haut et la gauche. Votre deuxième trait traverse le premier, puis descend en diagonale vers la gauche et coupe à nouveau le premier. Terminez ce trait en dessinant la grande courbe vers la droite et en revenant autour, en l'estompant à la fin avec une pichenette.

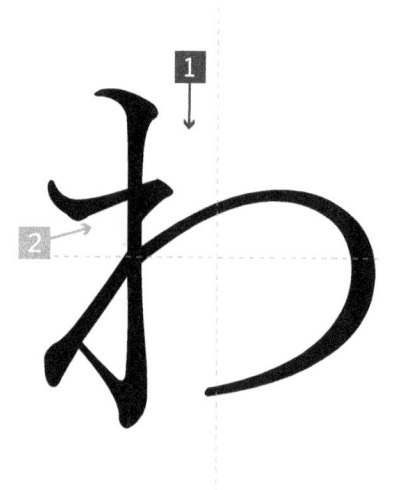

ÉCRIRE

Commencez par tracer les formes dans les grandes cellules ci-dessous.

S'ENTRAÎNER

Ensuite, entraînez-vous à dessiner ce caractère dans ces petites cellules.

を　を　**wo**[*]

APPRENDRE

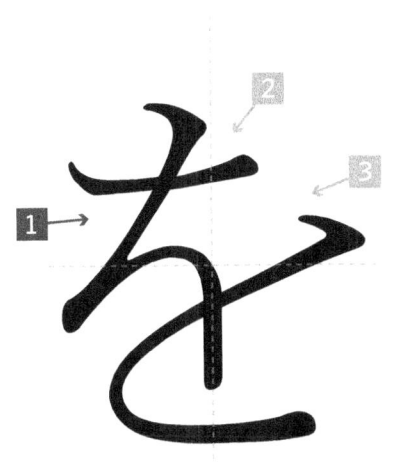

Dessiné avec trois traits, dont chacun est un arrêt.

Votre premier trait sera une ligne horizontale de gauche à droite. La deuxième marque commence par une ligne diagonale qui croise le premier trait, avant de tourner vers le haut et de redescendre. Elle doit se terminer à un point plus bas que celui où votre stylo a tourné auparavant. Votre troisième ligne est une courbe qui part de la droite, au-dessus de la ligne centrale, et coupe la fin du deuxième trait. Elle revient vers la partie inférieure droite de la cellule, en se terminant par un arrêt.

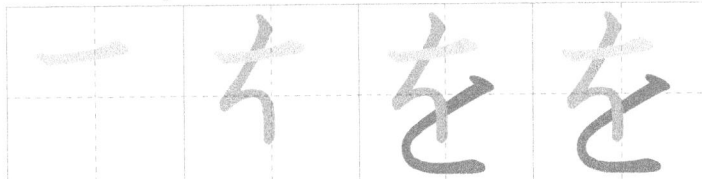

* Kana peu courant utilisé comme particule.

ÉCRIRE

Commencez par tracer les formes dans les grandes cellules ci-dessous.

S'ENTRAÎNER

Ensuite, entraînez-vous à dessiner ce caractère dans ces petites cellules.

ん　ん　**n**

PARLER Prononcé comme le son "n" de "encre".

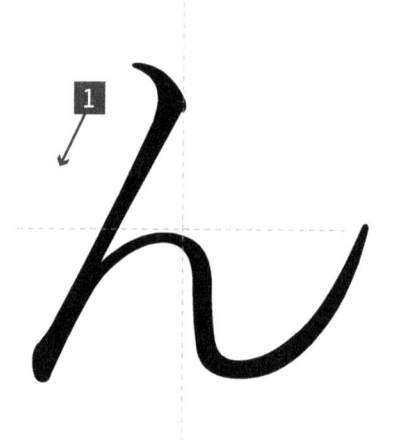

APPRENDRE

Ce kana se dessine d'un seul trait : long dégradé.

Ce caractère est créé d'un seul trait. Il commence par une ligne diagonale partant de la zone centrale supérieure et descendant vers la zone inférieure gauche. Sans lever votre stylo, remontez un peu vers le haut avant de créer une forme de vague. Terminez ce trait et ce personnage en faisant glisser votre stylo sur la page pour dégradé le trait autour de la zone centrale.

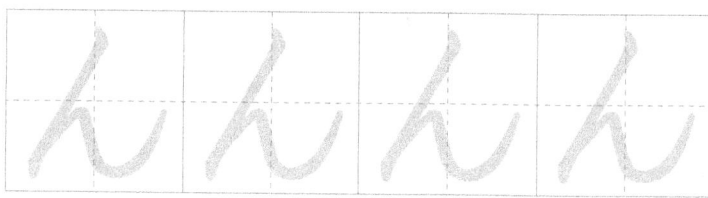

ÉCRIRE　　　　Commencez par tracer les formes dans les grandes cellules ci-dessous.

S'ENTRAÎNER　　　Ensuite, entraînez-vous à dessiner ce caractère dans ces petites cellules.

60

Partie 4

TABLEAUX KATAKANA & RÈGLES DE BASE

Ce tableau présente les 46 Katakana de base avec leur orthographe en Romaji représentant le même son phonétique. Les voyelles sont en haut et leurs versions correspondantes avec des consonnes sont montrées en dessous. **Notez l'exception 'n' - aussi, *wo est un kana peu commun.*

LES VOYELLES

	a	i	u	e	o
	ア a	イ i	ウ u	エ e	オ o
k	カ ka	キ ki	ク ku	ケ ke	コ ko
s	サ sa	シ shi	ス su	セ se	ソ so
t	タ ta	チ chi	ツ tsu	テ te	ト to
n	ナ na	ニ ni	ヌ nu	ネ ne	ノ no
h	ハ ha	ヒ hi	フ fu	ヘ he	ホ ho
m	マ ma	ミ mi	ム mu	メ me	モ mo
y	ヤ ya		ユ yu		ヨ yo
r	ラ ra	リ ri	ル ru	レ re	ロ ro
w	ワ wa		ン **n		ヲ *wo

CONSONNES

DIACRITIQUES

Tout comme pour les *Hiragana*, il existe 25 **symboles diacritiques** dans le **Katakana**. Ils sont utilisés de la même manière, pour indiquer quand des syllabes de sonorité similaire doivent être prononcées différemment. Ce qui est encore plus pratique, c'est que les marques pour montrer ce changement de son sont identiques :

Basique   *avec Dakuten*   *avec Handakuten*

Les règles pour les symboles diacritiques des Katakana fonctionnent de la même manière. *Dakuten et Handakuten* nous indiquent que la partie consonante du son doit être modifiée à l'oral :

- Le son **k** se prononce avec un son **g**.
- Les sons **s** se transforment en sons **z** (sauf し).
- Les sons **t** deviennent des sons **d**.
- Les sons **h** deviennent des sons **b** avec *Dakuten*.
  ...ou les sons **P** avec le *Handakuten*.

	a	i	u	e	o
k ▸ g	ガ ga	ギ gi	グ gu	ゲ ge	ゴ go
s ▸ z	ザ za	ジ ji	ズ zu	ゼ ze	ゾ zo
t ▸ d	ダ da	ヂ dzi (ji)	ヅ dzu	デ de	ド do
h ▸ b	バ ba	ビ bi	ブ bu	ベ be	ボ bo
h ▸ p	パ pa	ピ pi	プ pu	ペ pe	ポ po

DIGRAPHES

Voici également les **digraphes** pour les Katakana - une fois de plus, nous utilisons deux caractères de base pour montrer où deux sons de syllabes sont combinés pour en former un autre. *Rien de plus simple, non ?*

$$\text{キ} + \text{ヤ} = \text{キャ}$$
(ki)   (ya)   (kya)

Les caractères utilisés ont les mêmes sons que les deux Hiragana correspondants. L'importance d'écrire le deuxième symbole plus petit que le premier reste valable.

La prononciation de ces sons *Katakana dits composés* est tout aussi simple - par exemple, キ (ki) + ヤ (ya) devient キャ (kya) et nous le prononçons comme *"kiya" sans le son "i"*.

Ce tableau semble complexe, mais il faut se rappeler que les Digraphes sont faits *exclusivement* avec les lettres de la colonne イ /i *(à l'exclusion de lui-même)* **et** modifiés par les lettres de la ligne **Y** !

キャ	キュ	キョ		ギャ	ギュ	ギョ
kya	kyu	kyo		gya	gyu	gyo
シャ	シュ	ショ		ジャ	ジュ	ジョ
sha	shu	sho		ja	ju	jo
チャ	チュ	チョ		ニャ	ニュ	ニョ
cha	chu	cho		nya	nyu	nyo
ニャ	ヒュ	ヒョ		ビャ	ビュ	ビョ
hya	hyu	hyo		bya	byu	byo
ピャ	ピュ	ピョ		リャ	リュ	リョ
pya	pyu	pyo		rya	ryu	ryo
ミャ	ミュ	ミョ				
mya	myu	myo				

CONSONNES DOUBLES

Les mots japonais avec katakana peuvent également contenir un son à *double consonne*. Ces mots comportent également le petit ツ / **tsu** (*appelé sokuon*) pour montrer qu'il doit être prononcé différemment. Examinons un autre exemple de katakana :

ペット   *petto*

(pe ⟵ to)

Sans le petit ツ (tsu), le mot ペト (peto) n'a pas de sens, mais ペット (petto), avec le sokuon, signifie **animal de compagnie** - comme un hamster ou un chat !

Notez que le petit ツ est placé **avant** le caractère dont il prend le son consonantique supplémentaire. Lorsque vous voyez des mots avec ce modificateur, la partie consonante du symbole qui le suit (*dans cet exemple, le "t" de "to"*) est ajoutée à la fin du son qui le précède.

Les deux consonnes doivent être entendues séparément lorsque le mot est prononcé comme si vous disiez "**pet-to**", mais sans laisser d'espace qui puisse être entendu.

LES VOYELLES LONGUES

Il faut toujours être conscient des voyelles allongées (*par exemple, aa, ii. oo, ee et uu*). Lorsque parlé, la durée du son est allongée (généralement doublée à nouveau), mais lorsqu'il est écrit en Katakana, nous utilisons un trait ー (*appelé* 伸ばし棒, *qui signifie littéralement " barre d'étirement "*).

C'est l'une des façons dont le Katakana diffère de l'Hiragana, à part les formes, car celui-ci utilise un symbole vocalique supplémentaire pour indiquer un son vocalique long. Voyons quelques exemples :

フ + リ = フリー   ケ + キ = ケーキ

(fu) (ri)—   fu-rii (*gratuit*)   (ke)— (ki)   kee-ki (*gâteau*)

Il est à noter que la "barre d'étirement" est tournée vers une ligne verticale lorsque le texte est écrit verticalement.

Partie 5

APPRENDRE À ÉCRIRE EN KATAKANA

ア ア **a**

Prononcé comme le "a" de "après" ou "appareil".

APPRENDRE

Ce kana se dessine avec deux traits dégradé.

Le premier trait est une ligne horizontale partant de la gauche avant de faire un virage serré vers l'intérieur et le centre. Commencez votre deuxième trait à la fin du premier, en courbant votre stylo vers le bas et la gauche. Le deuxième trait s'estompe à mesure qu'il s'approche de la partie inférieure gauche de la cellule.

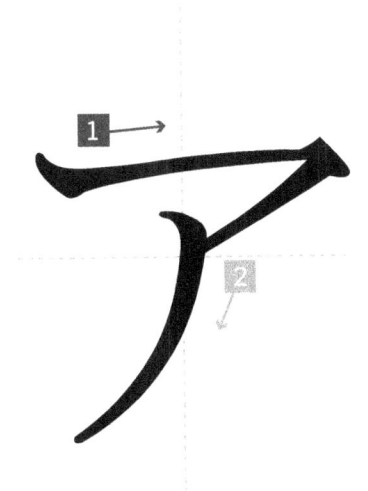

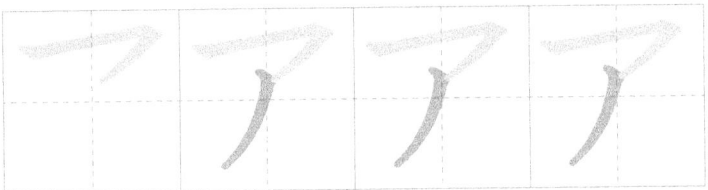

ÉCRIRE   Commencez par tracer les formes dans les grandes cellules ci-dessous.

S'ENTRAÎNER   Ensuite, entraînez-vous à dessiner ce caractère dans ces petites cellules.

イ イ　**i**

Prononcé comme le "i" dans "intéressant" mais plus long.

APPRENDRE

Ce kana se dessine avec deux traits : un dégradé et un arrêt.

Le premier trait est une ligne diagonale légèrement incurvée, qui commence en haut à droite de la cellule et s'estompe en bas à gauche. Le trait suivant commence au centre de votre premier trait, juste à droite du milieu, et descend tout droit pour s'arrêter près du bas.

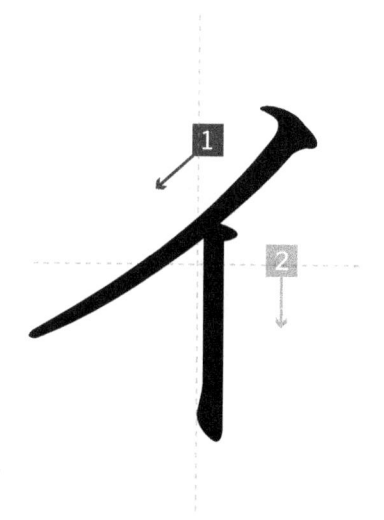

ÉCRIRE

Commencez par tracer les formes dans les grandes cellules ci-dessous.

S'ENTRAÎNER

Ensuite, entraînez-vous à dessiner ce caractère dans ces petites cellules.

ウ ウ **u**

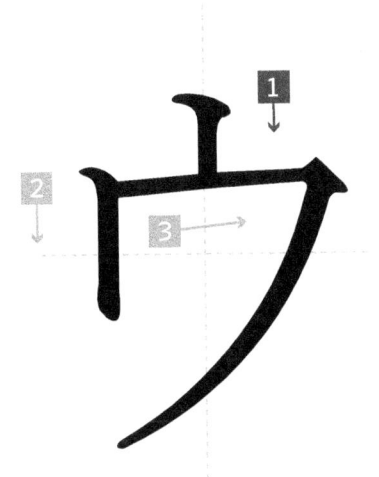

APPRENDRE

Ce kana se dessine en trois traits : arrêt, arrêt, dégradé.

Tracez votre premier trait vertical avec un arrêt court dans la partie supérieure du milieu. Le deuxième trait d'arrêt court correspond à un autre trait vertical à gauche du premier, et un peu plus bas. Le dernier trait commence là où le second a débuté. En déplaçant votre stylo horizontalement de gauche à droite, touchez la fin du premier trait, puis, à droite de la cellule, faites un virage serré vers le bas et la gauche en une courbe qui s'estompe.

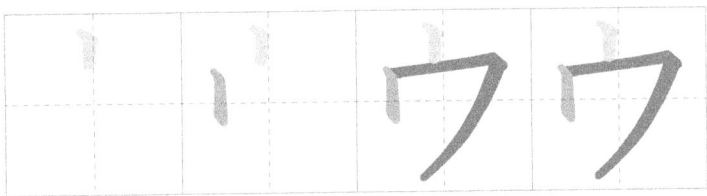

ÉCRIRE   Commencez par tracer les formes dans les grandes cellules ci-dessous.

S'ENTRAÎNER   Ensuite, entraînez-vous à dessiner ce caractère dans ces petites cellules.

エ エ e

Prononcé comme le "é" comme dans "étirement".

APPRENDRE

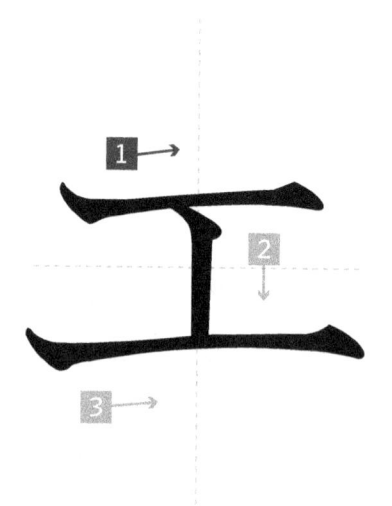

Ce kana se dessine avec trois traits : tous des arrêts.

Commencez par le trait horizontal qui traverse le milieu dans la partie supérieure de la cellule. Ensuite, vous faites votre deuxième trait à partir du milieu du premier, en descendant la ligne centrale. Le dernier trait est une autre ligne horizontale, de gauche à droite, qui passe par l'extrémité de la deuxième marque au centre. Pour s'assurer que votre caractère soit bien équilibré, votre dernier trait doit être plus large que le premier.

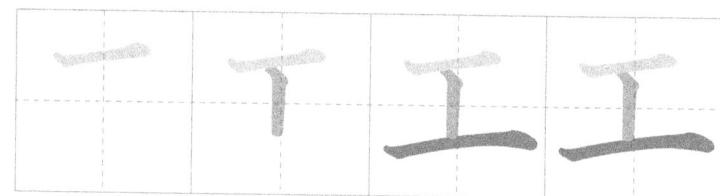

ÉCRIRE

Commencez par tracer les formes dans les grandes cellules ci-dessous.

S'ENTRAÎNER

Ensuite, entraînez-vous à dessiner ce caractère dans ces petites cellules.

才 才 o

Prononcé comme le "o" dans "original".

APPRENDRE

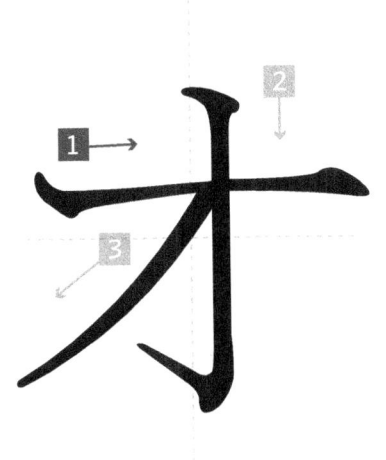

Ce kana a trois traits : arrêt, saut dégradé, et dégradé.

Commencez par tracer une longue ligne horizontale de gauche à droite. Votre deuxième trait est une ligne verticale qui croise la première à environ un tiers de la distance du côté droit. Terminez le deuxième trait en faisant glisser votre stylo sur la page (c'est ce qu'on appelle un hane). Votre dernier trait commence à l'intersection des traits 1 et 2, et s'incurve vers le bas et la gauche en dégradé - il ne doit pas descendre plus bas que le deuxième trait.

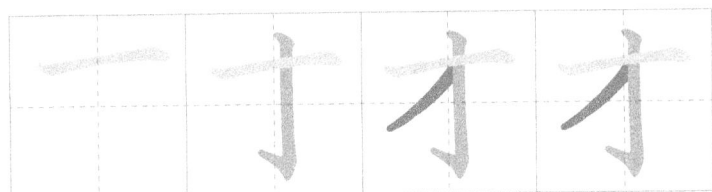

ÉCRIRE

Commencez par tracer les formes dans les grandes cellules ci-dessous.

S'ENTRAÎNER

Ensuite, entraînez-vous à dessiner ce caractère dans ces petites cellules.

カ カ **ka**

APPRENDRE

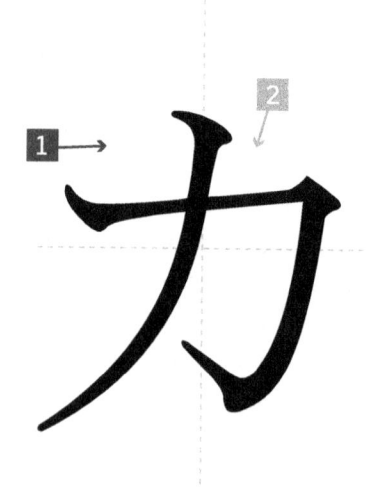

Ce kana se dessine avec deux traits : saut dégradé, arrêt.

Ce caractère est une version angulaire de l'hiragana か et commence par une ligne horizontale légèrement inclinée qui tourne brusquement vers le bas. La partie descendante doit avoir une légère courbe vers l'arrière et en diagonale vers la gauche. Terminez ce trait par un hane en faisant glisser votre stylo sur le papier. Votre deuxième trait est une ligne diagonale vers le bas, avec une courbe vers la gauche et vers le haut.

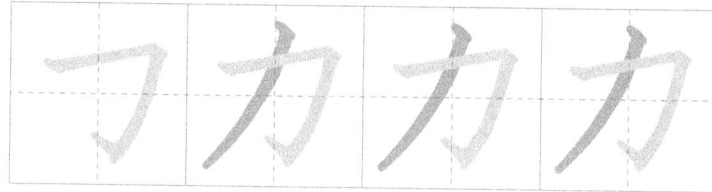

ÉCRIRE Commencez par tracer les formes dans les grandes cellules ci-dessous.

S'ENTRAÎNER Ensuite, entraînez-vous à dessiner ce caractère dans ces petites cellules.

72

 **ki**

Prononcé comme le "ki" dans "kiné".

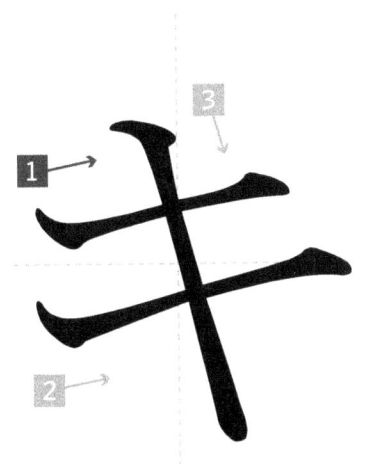

Dessiné avec trois traits ; tous des arrêts.

Vous remarquerez que ce katakana est également très similaire à son homologue hiragana - les traits 1 et 2 sont des lignes diagonales parallèles allant de gauche à droite, dans une direction ascendante, le second étant légèrement plus long que le premier. Votre marque finale est simplement une autre ligne diagonale droite, du haut à gauche au bas à droite. Elle doit couper approximativement le milieu de vos deux premiers traits.

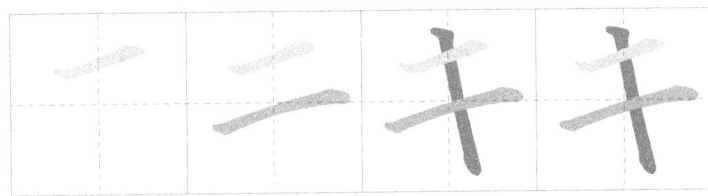

Commencez par tracer les formes dans les grandes cellules ci-dessous.

Ensuite, entraînez-vous à dessiner ce caractère dans ces petites cellules.

73

ク ク **ku**

Prononcé comme le "cu" de "Cuba".

APPRENDRE

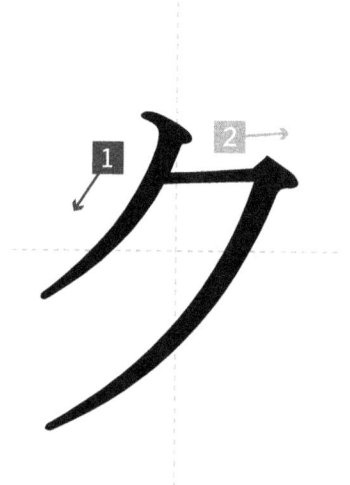

Ce kana se dessine avec deux traits : les deux dégradés.

Commencez par la première ligne diagonale incurvée en partant du milieu supérieur, en descendant et en allant vers la gauche. Entamez votre deuxième trait à peu près au même endroit que le premier. Il commence par une marque horizontale beaucoup plus courte que les kana précédents, avant un virage brusque et une autre courbe diagonale beaucoup plus longue vers le bas et vers la gauche. Entraînez-vous à tracer les deux parties diagonales parallèlement l'une à l'autre pour une écriture plus soignée !

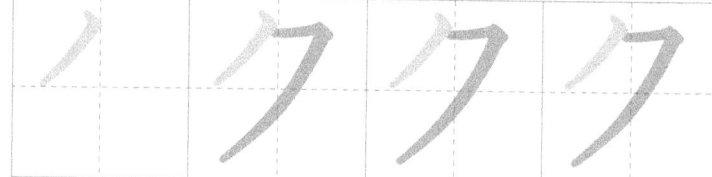

ÉCRIRE

Commencez par tracer les formes dans les grandes cellules ci-dessous.

S'ENTRAÎNER

Ensuite, entraînez-vous à dessiner ce caractère dans ces petites cellules.

ケ ケ **ke**

APPRENDRE

Ce kana a trois traits : dégradé, arrêt, dégradé.

En commençant de manière similaire au katakana précédent ク, tracez la première ligne diagonale et terminez en réduisant la pression et en soulevant doucement votre stylo pour que le trait soit dégradé. Le deuxième trait part cette fois du milieu de votre première ligne et n'est qu'une ligne horizontale plus longue qui s'arrête. Commencez le troisième trait au milieu de la deuxième ligne et déplacez votre stylo en une courbe vers le bas et vers la gauche en dégradé - parallèle au premier.

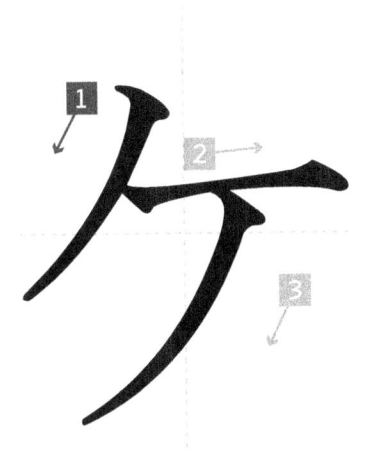

ÉCRIRE   Commencez par tracer les formes dans les grandes cellules ci-dessous.

S'ENTRAÎNER   Ensuite, entraînez-vous à dessiner ce caractère dans ces petites cellules.

コ コ **ko**

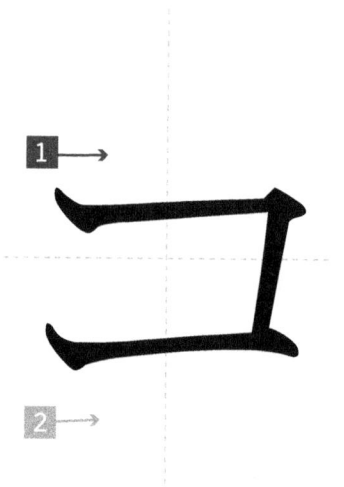

Prononcé comme le "co" de "composition".

APPRENDRE

Ce kana se dessine avec deux traits : les deux arrêts.

Le premier trait est une ligne horizontale qui s'arrête et tourne vers le bas de façon assez nette. Votre deuxième trait est un autre trait horizontal partant de la gauche et doit rejoindre la fin de votre premier trait avec un arrêt. Les deux parties horizontales doivent être parallèles et de même longueur.

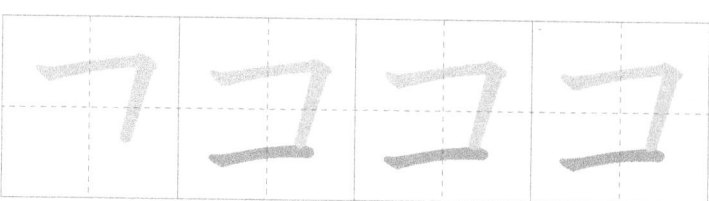

ÉCRIRE

Commencez par tracer les formes dans les grandes cellules ci-dessous.

S'ENTRAÎNER

Ensuite, entraînez-vous à dessiner ce caractère dans ces petites cellules.

サ サ **sa**

PARLER   Prononcé comme le "sa" de "sardines".

APPRENDRE

Ce kana se dessine avec trois traits : stop, stop, dégradé.

Démarrez ce kana avec une longue ligne horizontale. Votre deuxième trait coupe le premier à peu près au tiers de la gauche, en descendant tout droit jusqu'à un arrêt. Le troisième trait est une ligne plus longue ligne courbe plus longue qui coupe la première, à peu près à un tiers de sa longueur en partant de la droite. Il commence comme une ligne verticale avant l'intersection, mais se courbe vers la gauche après avoir traversé le premier trait.

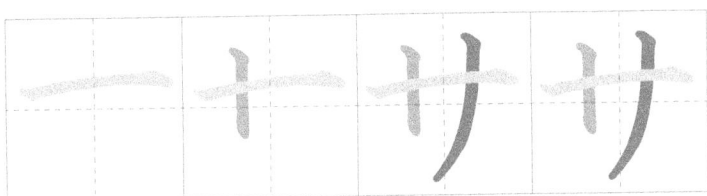

ÉCRIRE   Commencez par tracer les formes dans les grandes cellules ci-dessous.

S'ENTRAÎNER   Ensuite, entraînez-vous à dessiner ce caractère dans ces petites cellules.

シ シ **shi**

Prononcé comme "chi" dans "Chine".

APPRENDRE

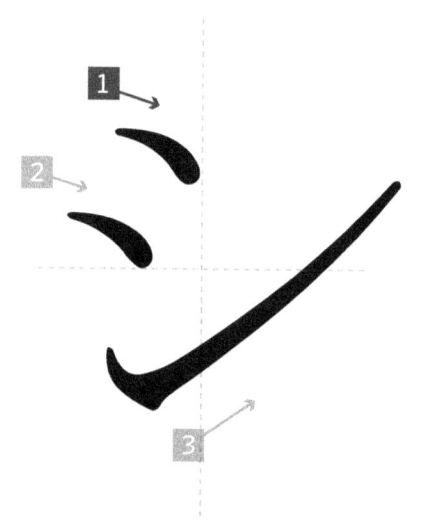

Dessinez ce kana avec trois traits ; arrêt, arrêt, dégradé.

Le premier et le deuxième trait sont de courtes marques d'arrêt, faites en parallèle et avec un léger angle vers le bas. Votre troisième trait commence dans la zone inférieure gauche, sous les premiers traits, et s'incurve vers le haut et la droite. Vous devez prêter une attention particulière à l'espacement des trois traits et aux points des points de départ. Nous verrons plus loin des caractères très similaires.

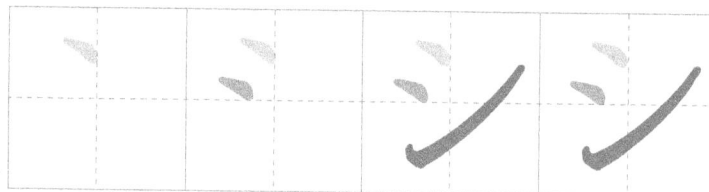

ÉCRIRE   Commencez par tracer les formes dans les grandes cellules ci-dessous.

S'ENTRAÎNER   Ensuite, entraînez-vous à dessiner ce caractère dans ces petites cellules.

ス　ス　**su**

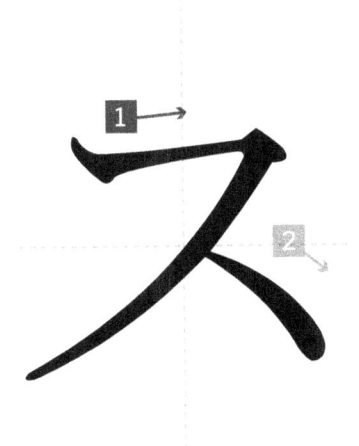

APPRENDRE

Il y a deux traits : un long dégradé et un arrêt.

Ce caractère commence par un trait que nous avons fait dans les kana précédents. Il commence par une ligne horizontale de gauche à droite avant de se transformer en une courbe, descendant et revenant vers la gauche en dégradé. Votre deuxième marque est un coup d'arrêt relativement court et commence à peu près au milieu de la courbe du premier coup.

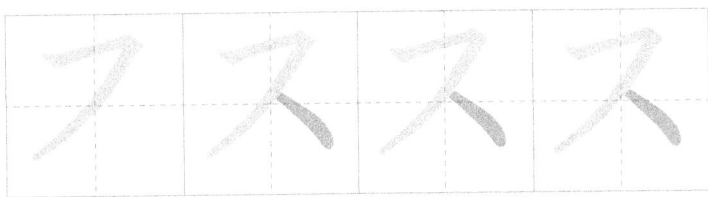

ÉCRIRE　　　　Commencez par tracer les formes dans les grandes cellules ci-dessous.

S'ENTRAÎNER　　　Ensuite, entraînez-vous à dessiner ce caractère dans ces petites cellules.

セ　セ　**se**

Prononcé comme "sé" dans "Sénégal".

APPRENDRE

Ce kana se dessine avec deux traits : un dégradé et un arrêt

Commencez le premier trait par une ligne relativement longue et inclinée de gauche à droite. Lorsque vous vous approchez du côté droit, il se transforme en dégradé vers le bas et vers la gauche - mais pas tout à fait aussi nettement que les autres kana. Votre deuxième trait commence par une ligne verticale droite, tracée depuis le haut, puis s'incline doucement vers la droite, près du bas de la cellule.

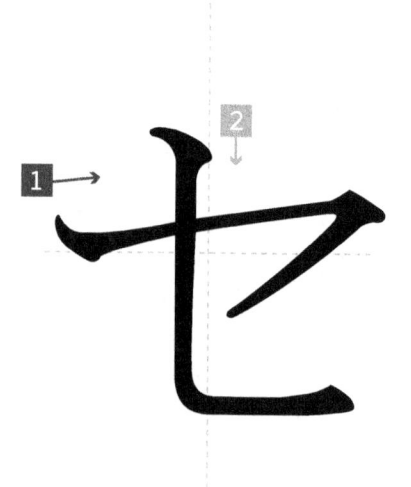

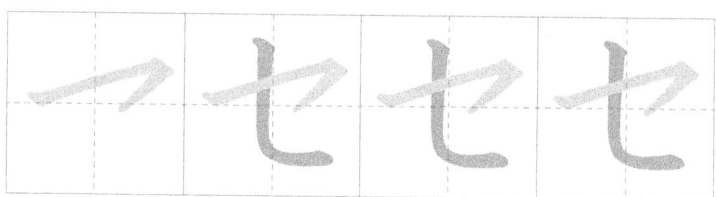

ÉCRIRE

Commencez par tracer les formes dans les grandes cellules ci-dessous.

S'ENTRAÎNER

Ensuite, entraînez-vous à dessiner ce caractère dans ces petites cellules.

ソ ソ **so**

APPRENDRE

Ce kana est créé avec deux traits : arrêt court, dégradé.

Commencez par un trait d'arrêt court et angulaire en haut à gauche. Ce trait doit être fait avec un angle assez prononcé, mais tellement qu'il ressemble à une ligne verticale. Une fois de plus, le deuxième trait est réalisé avec une longue courbe qui s'estompe vers le bas et la gauche. Le point de départ de votre deuxième trait doit être à une hauteur similaire à celle du premier.

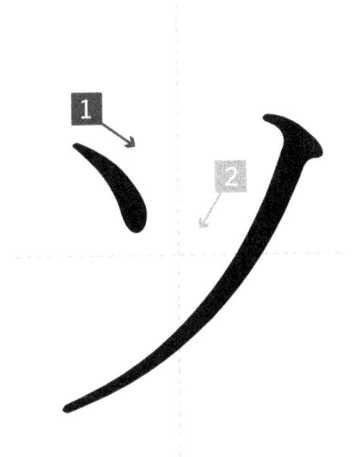

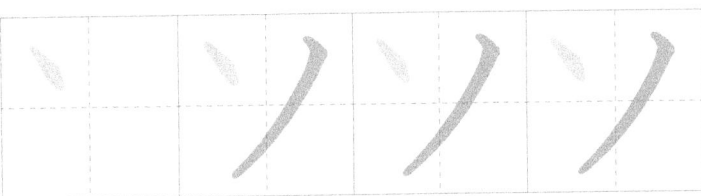

ÉCRIRE   Commencez par tracer les formes dans les grandes cellules ci-dessous.

S'ENTRAÎNER   Ensuite, entraînez-vous à dessiner ce caractère dans ces petites cellules.

夕 夕 **ta**

Prononcé comme le "ta" de "tapis".

APPRENDRE

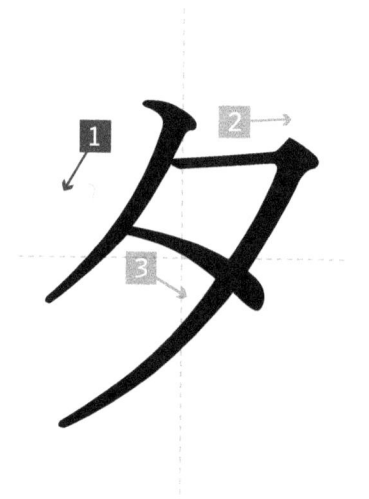

Ce kana se dessine en trois traits : dégradé, dégradé, arrêt.

Un autre kana avec des formes désormais familières. De manière similaire à ク et ケ, votre premier trait est une courbe diagonale qui s'estompe du centre supérieur vers le bas à gauche. Le deuxième trait commence par une ligne horizontale partant du même point de départ que le premier et s'incurvant vers la gauche. Votre dernier trait est une courte ligne diagonale partant du milieu du premier trait. Elle coupe le milieu du deuxième trait.

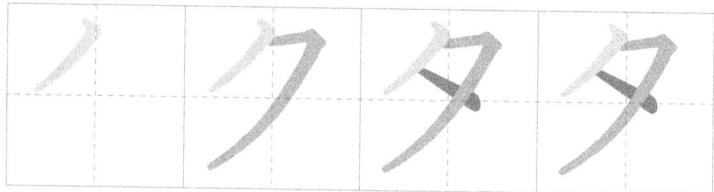

ÉCRIRE

Commencez par tracer les formes dans les grandes cellules ci-dessous.

S'ENTRAÎNER

Ensuite, entraînez-vous à dessiner ce caractère dans ces petites cellules.

チ チ chi

Prononcé comme le "chi" de "tai-chi".

APPRENDRE

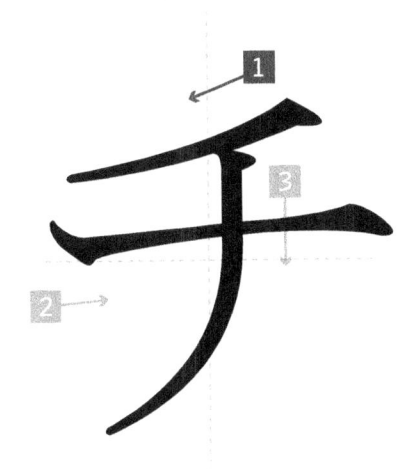

Ce kana se dessine en trois traits : dégradé, arrêt, dégradé.

Votre premier trait est une courbe peu profonde, qui s'estompe à partir de la partie supérieure droite et descend légèrement vers la gauche. Le deuxième trait est une longue ligne horizontale avec un arrêt. Votre troisième trait doit commencer au milieu de la première courbe et croiser le deuxième trait, avant de s'incurver vers le bas et la gauche. Veillez à ce que votre deuxième trait soit plus large que le premier des deux côtés !

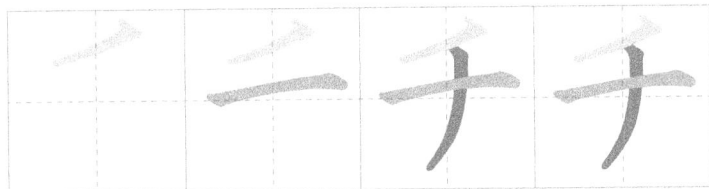

ÉCRIRE

Commencez par tracer les formes dans les grandes cellules ci-dessous.

S'ENTRAÎNER

Ensuite, entraînez-vous à dessiner ce caractère dans ces petites cellules.

ツ ツ **tsu**

APPRENDRE

Ce kana a trois traits : deux arrêts et un dégradé.

Ce caractère ressemble au Katakana シ et les deux premiers traits sont à nouveau constitués de deux lignes parallèles et angulaires. Votre troisième trait est une courbe qui s'estompe vers la gauche à partir du trait supérieur droit. Pour les mêmes raisons, faites attention à l'espacement de vos points de départ pour chaque trait.

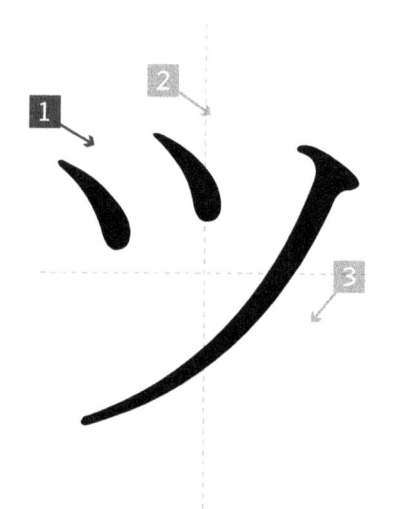

ÉCRIRE   Commencez par tracer les formes dans les grandes cellules ci-dessous.

S'ENTRAÎNER   Ensuite, entraînez-vous à dessiner ce caractère dans ces petites cellules.

テ テ **te**

PARLER Prononcé comme le mot "thé".

APPRENDRE

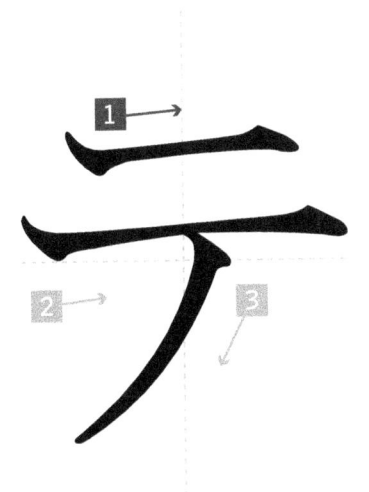

Ce kana se dessine en trois traits : stop, stop, dégradé.

Ce kana commence par deux traits d'arrêt parallèles, formant des lignes horizontales de gauche à droite. Veillez à ce que votre deuxième trait soit plus long que le premier. Votre troisième trait est une ligne diagonale plus courte et courbée vers le bas et le côté gauche. Elle commence au milieu de votre deuxième trait.

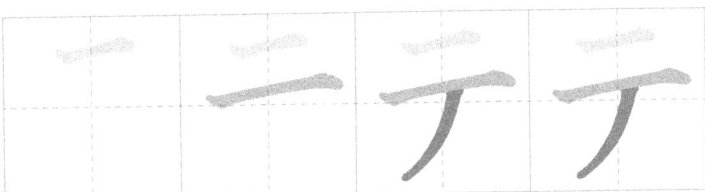

ÉCRIRE — Commencez par tracer les formes dans les grandes cellules ci-dessous.

S'ENTRAÎNER — Ensuite, entraînez-vous à dessiner ce caractère dans ces petites cellules.

ト　ト　**to**

PARLER Prononcé comme le "to" de "ton".

APPRENDRE

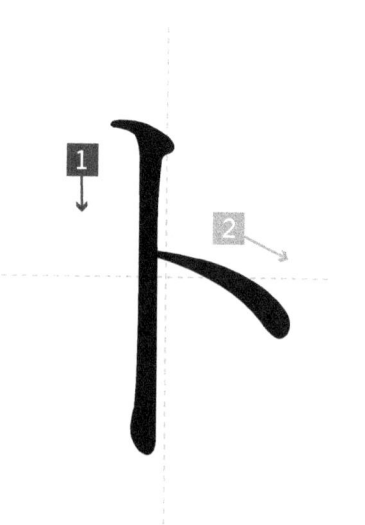

Ce kana est obtenu en deux traits : arrêt, arrêt.

Tracez une longue ligne verticale commençant près du haut de la cellule, et légèrement à gauche du centre, se terminant par un arrêt près du bas de la cellule. Votre deuxième ligne est une marque d'arrêt beaucoup plus courte, commençant au-dessus du centre de la cellule, et se déplaçant vers le bas et la droite dans une direction diagonale.

ÉCRIRE　　　　　Commencez par tracer les formes dans les grandes cellules ci-dessous.

S'ENTRAÎNER　　　Ensuite, entraînez-vous à dessiner ce caractère dans ces petites cellules.

ナ ナ **na**

APPRENDRE

Ce kana a deux traits : un arrêt et un dégradé.

Commencez par un trait d'arrêt horizontal relativement long, au-dessus de la ligne centrale. La deuxième ligne commence près du haut, au milieu, et est tracée vers le bas et à travers le premier trait. Il commence comme une ligne verticale et s'incurve vers la partie inférieure gauche de la cellule après l'intersection.

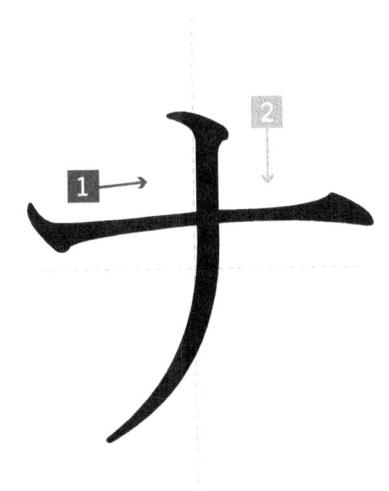

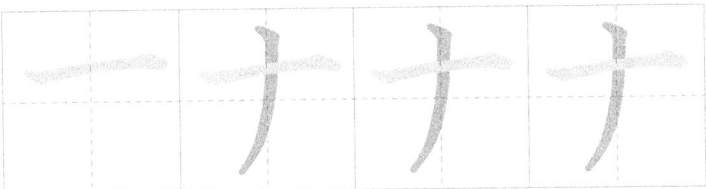

ÉCRIRE

Commencez par tracer les formes dans les grandes cellules ci-dessous.

S'ENTRAÎNER

Ensuite, entraînez-vous à dessiner ce caractère dans ces petites cellules.

二 ニ **ni**

Prononcé comme le "ni" de "Nice".

APPRENDRE

Ce kana a deux traits ; les deux sont des arrêts.

Comme l'un des caractères Katakana les plus simples, nous dessinons 二 avec deux lignes parallèles. Chacune se déplace horizontalement de gauche à droite, avec une légère inclinaison. Votre deuxième trait doit être plus long que le premier, et s'étendre des deux côtés.

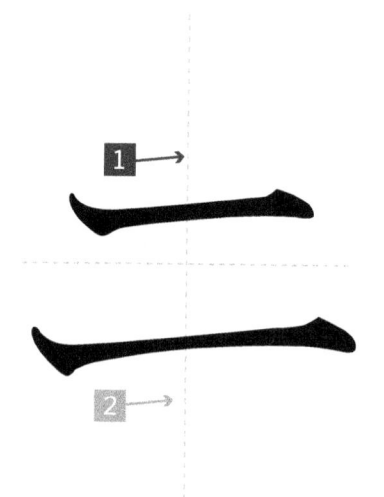

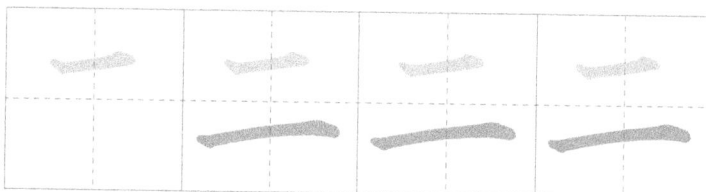

ÉCRIRE

Commencez par tracer les formes dans les grandes cellules ci-dessous.

S'ENTRAÎNER

Ensuite, entraînez-vous à dessiner ce caractère dans ces petites cellules.

ヌ ヌ nu

PARLER Prononcé comme le "nu" de “nuance”.

APPRENDRE

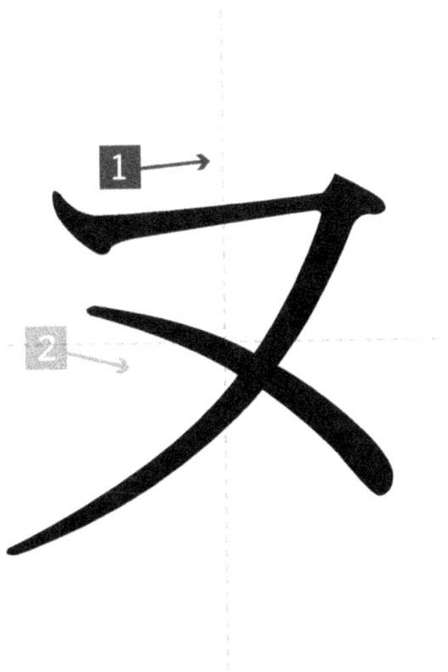

Dessiné avec deux traits ; un long dégradé, un arrêt.

Commencez votre premier trait par une ligne horizontale légèrement inclinée de gauche à droite et légèrement vers le haut. Sans lever le stylo, faites un virage serré vers le bas en une longue courbe. Elle se termine par un dégradé dans la partie inférieure gauche de la cellule. Votre deuxième trait est une courbe plus courte qui se termine par un arrêt. Il commence en dessous du début de votre premier trait et coupe le milieu de la courbe que vous venez de faire.

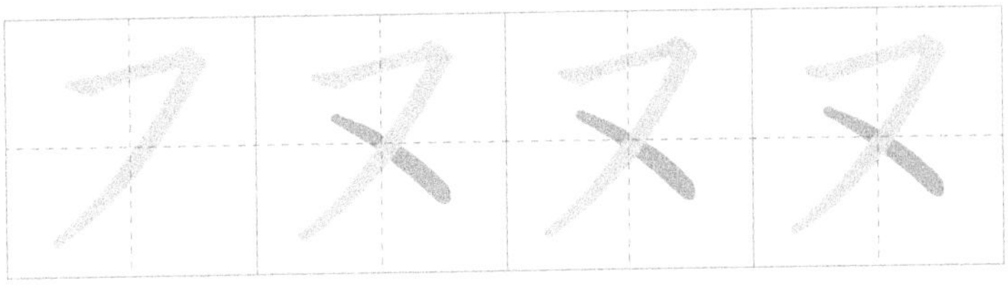

ÉCRIRE

Commencez par tracer les formes dans les grandes cellules ci-dessous.

S'ENTRAÎNER

Ensuite, entraînez-vous à dessiner ce caractère dans ces petites cellules.

ネ ネ ne

Prononcé comme le "né" de "négative".

APPRENDRE

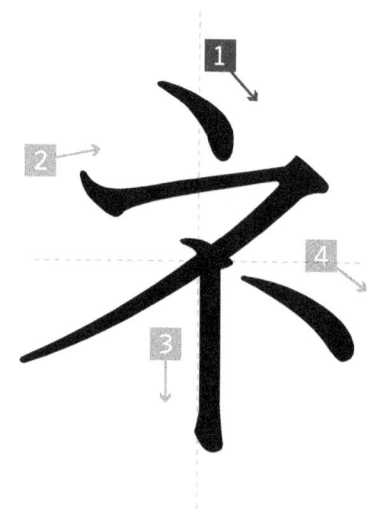

Ce kana a quatre traits : arrêt, dégradé, arrêt et arrêt.

Commencez par une marque d'arrêt courte et angulaire dans le centre supérieur. Votre deuxième trait commence par une ligne horizontale avant de se transformer en une courbe qui s'estompe vers le bas et la gauche. Le troisième trait est une ligne verticale avec un arrêt, qui commence au milieu de la courbe du deuxième trait. Pour finir, le dernier trait est une courte ligne diagonale qui doit être à peu près de la même longueur que l'extrémité inférieure de votre longue courbe.

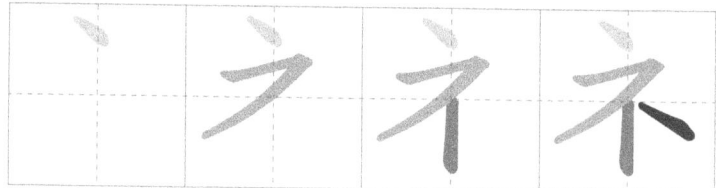

ÉCRIRE

Commencez par tracer les formes dans les grandes cellules ci-dessous.

S'ENTRAÎNER

Ensuite, entraînez-vous à dessiner ce caractère dans ces petites cellules.

 **no**

Prononcé comme le "no" de "noble".

APPRENDRE

Ce kana s'écrit avec un seul trait : un dégradé.

Ceci est sans doute le plus simple des katakana et consiste en un seul trait courbe qui s'estompe. Il commence en haut à droite et s'estompe en bas à gauche. Faites attention au positionnement de ce kana.

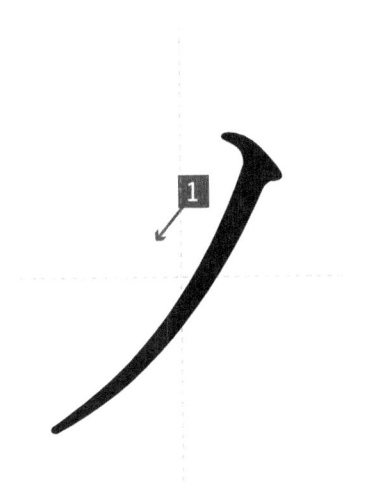

ÉCRIRE Commencez par tracer les formes dans les grandes cellules ci-dessous.

S'ENTRAÎNER Ensuite, entraînez-vous à dessiner ce caractère dans ces petites cellules.

 **ha**

APPRENDRE

Dessinez ce kana avec deux traits : un dégradé et un arrêt.

Votre premier trait est une ligne diagonale incurvée partant juste à gauche du centre et s'estompant vers la gauche. La deuxième marque reflète presque la première, mais se termine par un arrêt dans la zone inférieure droite. Les points de départ doivent être espacés et éloignés de la ligne centrale.

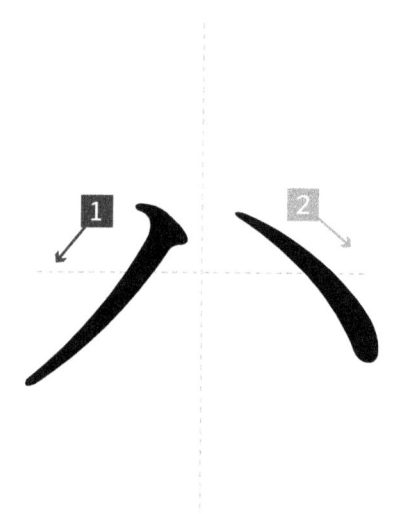

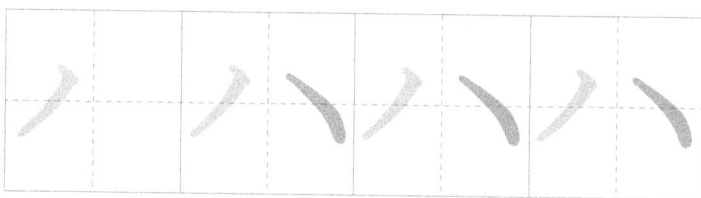

ÉCRIRE

Commencez par tracer les formes dans les grandes cellules ci-dessous.

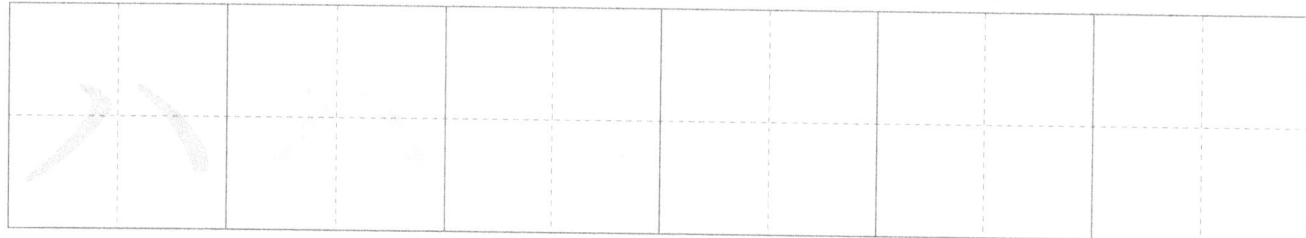

S'ENTRAÎNER

Ensuite, entraînez-vous à dessiner ce caractère dans ces petites cellules.

 **hi**

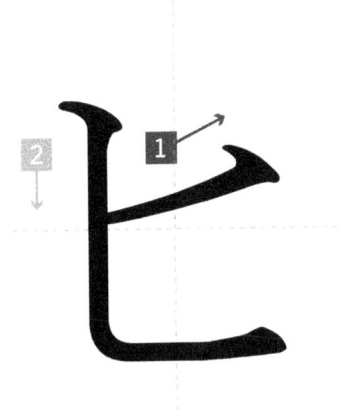

APPRENDRE

Ce kana se dessine avec deux traits ; les deux sont des arrêts.

Faites le premier trait comme une ligne légèrement inclinée de gauche à droite, se terminant par un arrêt. Le deuxième trait commence en haut à gauche et forme une ligne verticale vers le bas, touchant juste la fin du premier. Lorsque votre stylo approche de la partie inférieure de la case, tournez doucement vers la droite - il ne s'agit pas d'un angle aigu comme dans d'autres kana. Le deuxième trait doit s'arrêter à peu près sous l'extrémité du premier.

ÉCRIRE Commencez par tracer les formes dans les grandes cellules ci-dessous.

S'ENTRAÎNER Ensuite, entraînez-vous à dessiner ce caractère dans ces petites cellules.

フ フ フ **fu**

Prononcé comme le "hi" de "hippopotame".

APPRENDRE

Dessinée d'un seul trait, cette courbe est un long dégradé.

Ce kana a été dessiné dans le cadre des symboles précédents de ce cahier d'exercices. D'une forme similaire à celle du chiffre 7, il commence par une ligne horizontale légèrement inclinée. Lorsque votre stylo s'approche du côté droit de la cellule, il doit tourner assez brusquement. Gardez votre stylo sur la page pour créer la longue courbe qui s'estompe vers le bas et la gauche de la cellule.

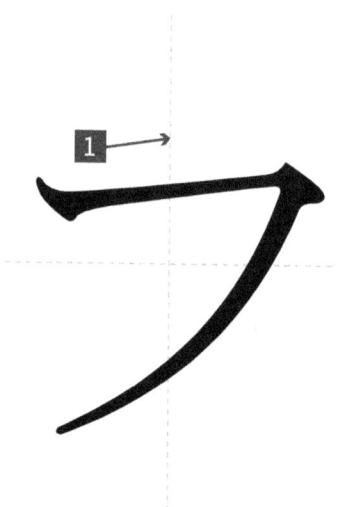

ÉCRIRE

Commencez par tracer les formes dans les grandes cellules ci-dessous.

S'ENTRAÎNER

Ensuite, entraînez-vous à dessiner ce caractère dans ces petites cellules.

94

 **he**

Prononcé comme le "hé" de "Hélene".

APPRENDRE

Ce kana est réalisé avec un seul trait : un arrêt.

Ce kana à un seul trait commence au milieu du côté gauche de la cellule. Déplacez votre stylo en diagonale vers le haut et la droite mais, avant d'atteindre la ligne centrale, redescendez et tracez une ligne diagonale plus longue en bas à droite. Assurez-vous que le "point" en haut est positionné à gauche de la ligne centrale.

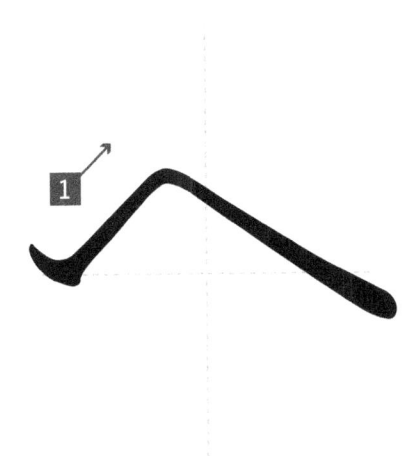

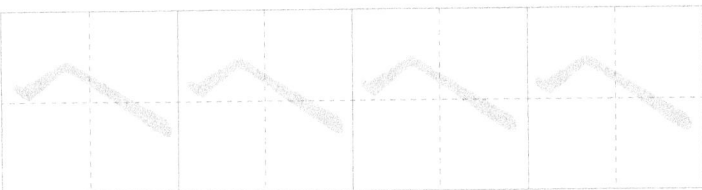

ÉCRIRE

Commencez par tracer les formes dans les grandes cellules ci-dessous.

S'ENTRAÎNER

Ensuite, entraînez-vous à dessiner ce caractère dans ces petites cellules.

ホ ホ ho

APPRENDRE

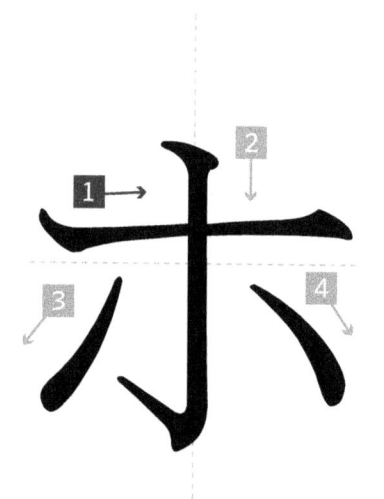

Ce kana a quatre traits : arrêt, saut dégradé, arrêt et arrêt.

Le premier trait est une ligne horizontale de gauche à droite. Le deuxième trait est une ligne verticale, qui coupe le milieu du premier trait, juste au-dessus du centre de la cellule. Terminez par un hane en faisant glisser votre stylo sur le papier. Les troisième et quatrième traits sont réalisés de la même manière que les kana ノ ハ, en se reflétant l'un l'autre. Ils ne doivent pas entrer en contact avec d'autres marques.

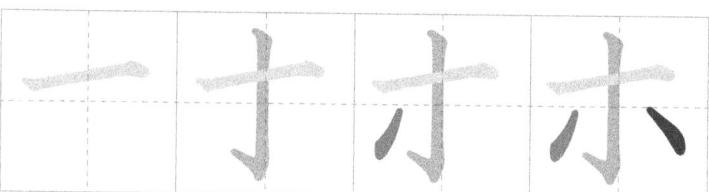

ÉCRIRE   Commencez par tracer les formes dans les grandes cellules ci-dessous.

S'ENTRAÎNER   Ensuite, entraînez-vous à dessiner ce caractère dans ces petites cellules.

ㄇ ㄇ **ma** Prononcé comme le "ma" de "maman".

APPRENDRE

Dessiné avec deux traits ; long dégradé, court arrêt.

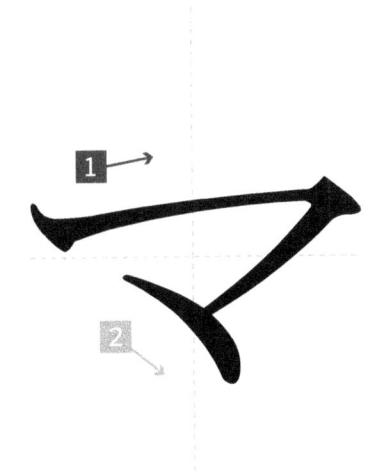

En commençant par un premier trait familier, dessinez votre stylo à travers la cellule en une ligne horizontale. Sans lever votre stylo, tournez brusquement vers l'arrière et vers le bas avec une courbe plus courte et délavée vers la gauche. Votre deuxième trait est une ligne relativement courte, faite en angle vers le bas et vers la droite. Veillez à ne pas confondre ce trait avec le kana ア que nous avons appris au début !

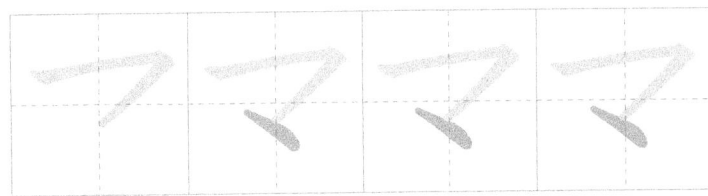

ÉCRIRE

Commencez par tracer les formes dans les grandes cellules ci-dessous.

S'ENTRAÎNER

Ensuite, entraînez-vous à dessiner ce caractère dans ces petites cellules.

 **mi**

PARLER Prononcé comme le "mi" de "mignon".

APPRENDRE

Dessiné avec trois traits ; chacun est un arrêt court.

Ce kana est relativement simple, il consiste en trois lignes courtes et parallèles. Chacune est tracée avec un léger angle, en arrêtant le stylo au fur et à mesure que vous descendez de gauche à droite. Le troisième trait est légèrement plus long, et la position de départ se trouve un peu plus à droite.

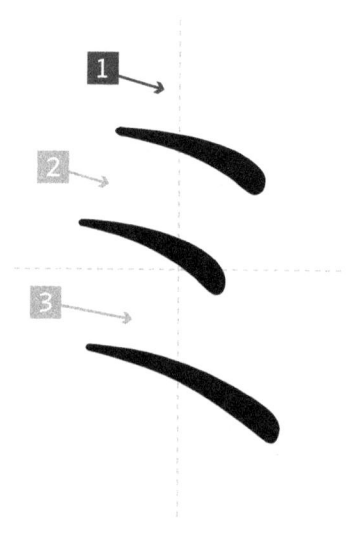

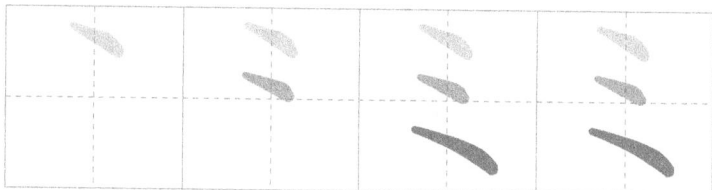

ÉCRIRE Commencez par tracer les formes dans les grandes cellules ci-dessous.

S'ENTRAÎNER Ensuite, entraînez-vous à dessiner ce caractère dans ces petites cellules.

 **mu**

Prononcé comme "mu" de "musique".

APPRENDRE

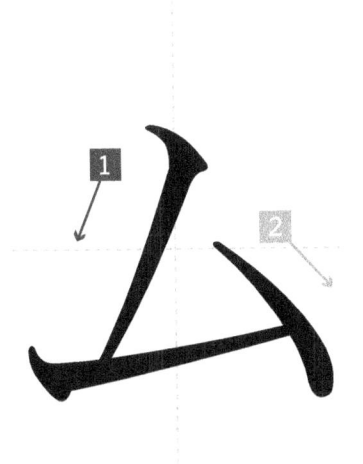

Dessinez ce kana en deux traits ; arrêt et arrêt.

Ceci ressemble presque à trois traits distincts, mais le premier crée une sorte de forme en "L". Commencez par une ligne droite, tracée en diagonale du milieu supérieur vers le bas à gauche. Gardez votre stylo sur le papier et faites un virage serré vers la droite. Tracez un angle beaucoup plus faible à travers la case et terminez par un arrêt. La deuxième ligne est une courte marque d'arrêt diagonale qui doit toucher la fin du premier trait lorsqu'il descend.

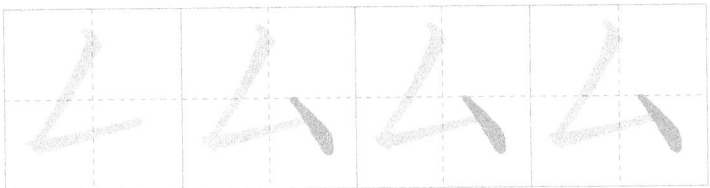

ÉCRIRE — Commencez par tracer les formes dans les grandes cellules ci-dessous.

S'ENTRAÎNER — Ensuite, entraînez-vous à dessiner ce caractère dans ces petites cellules.

メ メ **me**

APPRENDRE

Ce kana se dessine avec deux traits : un dégradé et un arrêt.

Votre premier trait est une ligne courbe relativement longue, tracée du quadrant supérieur droit vers le quadrant inférieur gauche. Ce trait doit être dégradé vers la fin. La deuxième marque diagonale est une courbe plus courte qui coupe le milieu de votre premier trait et se termine par un arrêt.

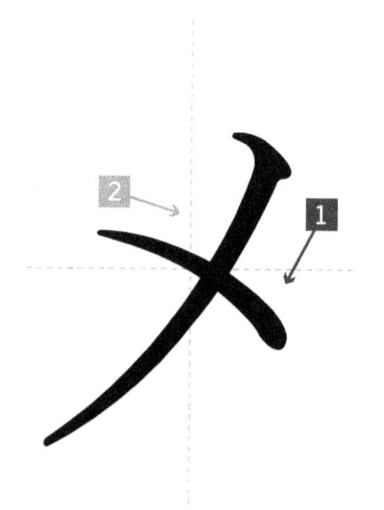

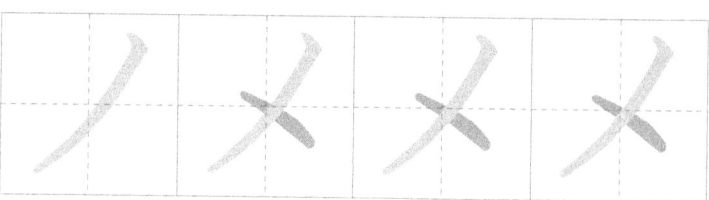

ÉCRIRE   Commencez par tracer les formes dans les grandes cellules ci-dessous.

S'ENTRAÎNER   Ensuite, entraînez-vous à dessiner ce caractère dans ces petites cellules.

モ　モ　**mo**

APPRENDRE

Ce kana a trois traits ; tous sont des arrêts.

Pour ce kana, commencez par tracer le premier et le deuxième trait sous forme de deux lignes horizontales. Le deuxième trait doit être un peu plus long que le premier. Votre troisième trait commence sur le premier trait et est dessiné comme une ligne verticale vers le bas, pour commencer. Il coupera votre deuxième trait et, lorsque votre stylo approchera du bas de la cellule, il tournera doucement vers la droite et s'arrêtera sur la droite.

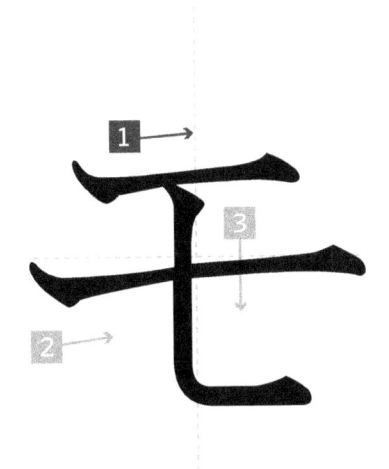

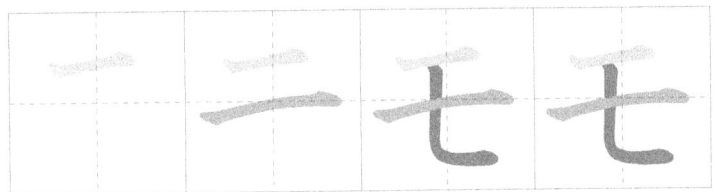

ÉCRIRE

Commencez par tracer les formes dans les grandes cellules ci-dessous.

S'ENTRAÎNER

Ensuite, entraînez-vous à dessiner ce caractère dans ces petites cellules.

ヤ ヤ **ya**

PARLER Prononcé comme le "ya" de "yaourt".

APPRENDRE

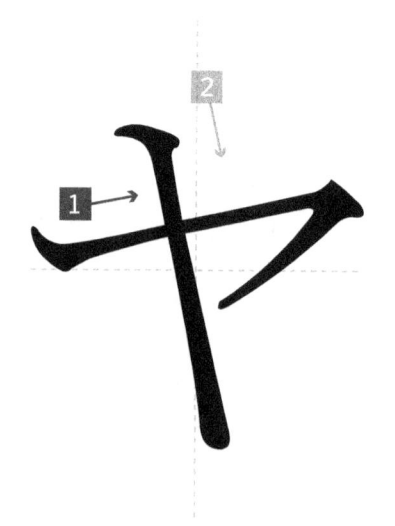

Dessinez ce kana avec deux traits : un dégradé et un arrêt.

Pour ce kana, nous commençons par tracer une ligne droite de gauche à droite, avec un angle relativement faible vers le haut. Lorsque nous nous approchons du côté droit de la cellule, il tourne brusquement vers le bas et revient vers le centre en dégradé. Votre deuxième coup est une longue ligne diagonale à partir de la partie supérieure gauche de la cellule, plus proche du centre que du côté, et il coupe le premier trait à environ un tiers du début.

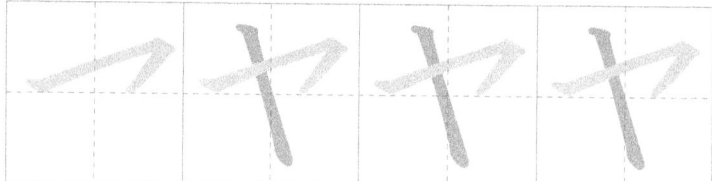

ÉCRIRE   Commencez par tracer les formes dans les grandes cellules ci-dessous.

S'ENTRAÎNER   Ensuite, entraînez-vous à dessiner ce caractère dans ces petites cellules.

ユ　ユ　**yu**

Prononcé comme le "yu" du prénom "Yusef".

APPRENDRE

Ce kana se dessine avec deux traits ; les deux sont des arrêts.

Votre premier trait commence par une courte ligne horizontale, puis fait un virage serré vers le bas pour s'arrêter. Le deuxième trait commencera plus à gauche que le premier, et en dessous de la ligne centrale. Il s'agit d'une ligne horizontale plus longue qui doit toucher la fin du premier trait. Pour que ce symbole ne soit pas confondu avec le katakana ⊐, veillez à ce que le deuxième trait s'étende davantage des deux côtés.

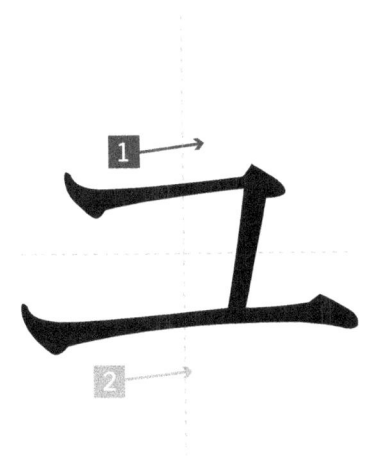

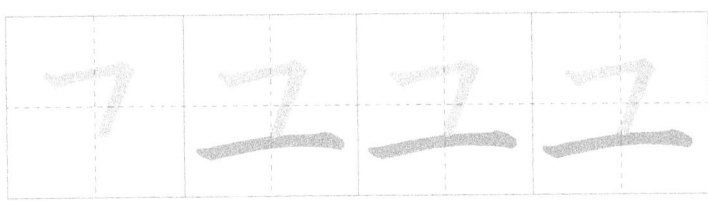

ÉCRIRE　　　Commencez par tracer les formes dans les grandes cellules ci-dessous.

S'ENTRAÎNER　　　Ensuite, entraînez-vous à dessiner ce caractère dans ces petites cellules.

ヨ ヨ **yo**

Prononcé comme le "yo" de yo-yo.

APPRENDRE

Ce kana se dessine avec trois traits : tous des arrêts.

Ce kana ressemble à la lettre E à l'envers et, comme le kana de la page précédente, il commence par une ligne horizontale qui se transforme en ligne verticale sur le côté droit. La deuxième ligne, légèrement plus courte, traverse le milieu de la cellule pour rejoindre le centre de la ligne verticale. Pour terminer, le troisième trait est un peu plus long, de gauche à droite, et rejoint la fin du premier trait dans le quadrant inférieur droit.

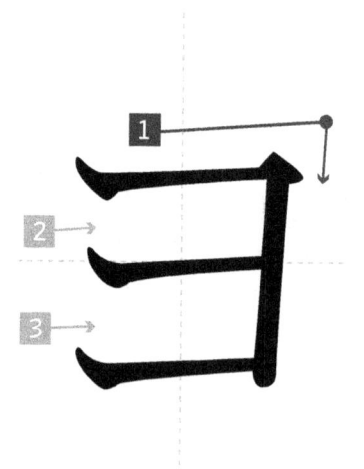

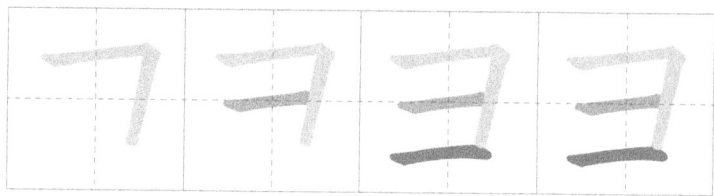

ÉCRIRE   Commencez par tracer les formes dans les grandes cellules ci-dessous.

S'ENTRAÎNER   Ensuite, entraînez-vous à dessiner ce caractère dans ces petites cellules.

ラ　ラ　ラ　**ra**

Prononcé comme le "la" de "lavande".

Ce kana se dessine en deux traits : stop, dégradé.

Commencez par faire une courte ligne horizontale avec un trait d'arrêt près du haut de la cellule. Le deuxième trait ressemble à la forme du chiffre 7 et commence par une ligne horizontale plus longue, parallèle au premier trait. Il tourne ensuite pour former une longue ligne diagonale incurvée. Ce trait s'estompe en direction de la zone centrale en bas.

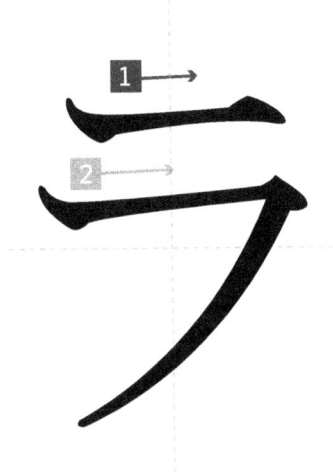

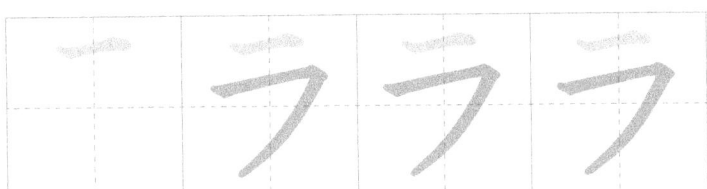

Commencez par tracer les formes dans les grandes cellules ci-dessous.

Ensuite, entraînez-vous à dessiner ce caractère dans ces petites cellules.

リ　リ　**ri**

Prononcé comme le "li" de "lire".

Ce kana se dessine en deux traits : stop, dégradé.

Ce caractère Katakana ressemble visuellement à son homologue Hiragana. Le premier trait est simplement une ligne droite et verticale allant de la zone supérieure gauche jusqu'à la ligne centrale. Il se termine par un stop. Le deuxième trait commence à la même hauteur que le premier et est tracé en ligne droite jusqu'à la ligne centrale avant de revenir vers la partie inférieure gauche de la cellule - terminez ce trait par dégradé.

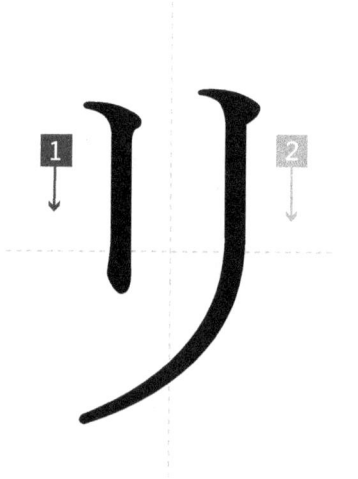

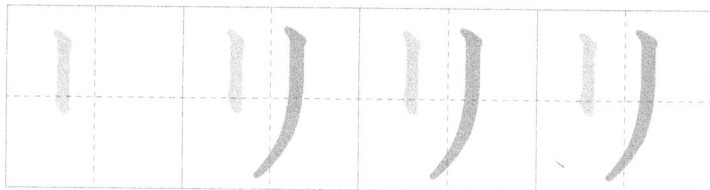

ÉCRIRE   Commencez par tracer les formes dans les grandes cellules ci-dessous.

S'ENTRAÎNER   Ensuite, entraînez-vous à dessiner ce caractère dans ces petites cellules.

ル ル **ru**

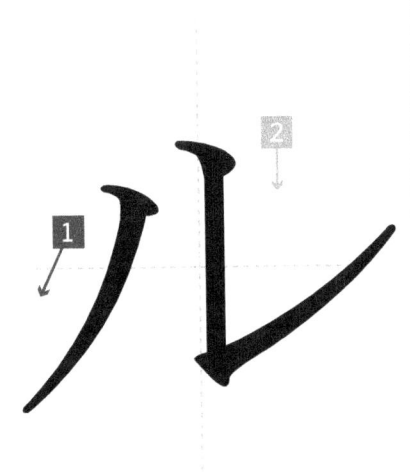

PARLER   Prononcé comme le "lu" de "lucarne".

APPRENDRE

Ce kana se dessine en deux traits, tous deux en dégradé.

Commencez par tracer une ligne courbe de la zone supérieure vers le côté inférieur gauche et dégradez-le vers la fin. Le deuxième trait commence par une ligne droite verticale partant d'un point plus élevé que le premier, et juste à droite de la ligne centrale. Lorsque votre stylo s'approche du bas, tournez brusquement vers la droite et vers le haut avec un trait légèrement incurvé et dégradé pour terminer.

ÉCRIRE   Commencez par tracer les formes dans les grandes cellules ci-dessous.

S'ENTRAÎNER   Ensuite, entraînez-vous à dessiner ce caractère dans ces petites cellules.

 **re**

APPRENDRE

Dessiné avec un seul trait ; un long dégradé.

Ce kana est essentiellement le même que le deuxième trait du symbole katakana précédent ル, sauf qu'il est plus large, positionné au centre de la cellule, et se termine par une courbe dégradée plus longue au bout.

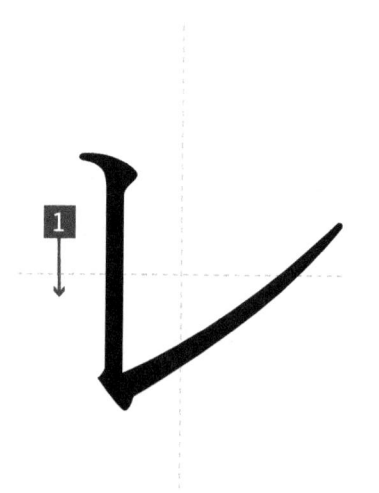

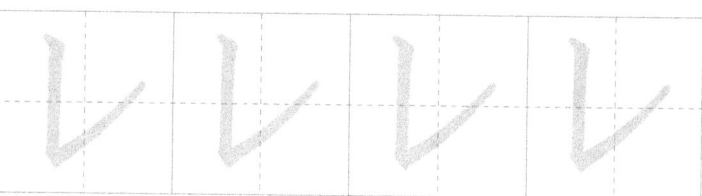

ÉCRIRE   Commencez par tracer les formes dans les grandes cellules ci-dessous.

S'ENTRAÎNER   Ensuite, entraînez-vous à dessiner ce caractère dans ces petites cellules.

□ 　 □ 　 **ro** | PARLER Prononcé comme le "lo" de "losange".

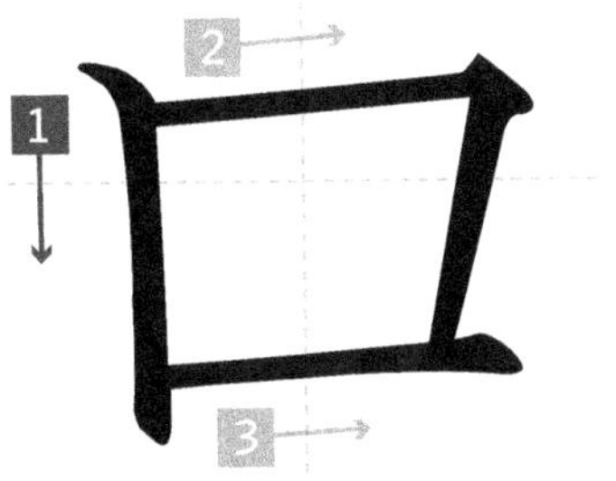

APPRENDRE

Ce kana se dessine avec trois traits ; tous sont des arrêts.

Faites votre premier trait avec une ligne verticale droite dans la moitié gauche de la cellule. Le deuxième trait commence au même endroit que le premier et est tiré vers la droite avant de redescendre en ligne droite. Le dernier trait est une autre ligne droite horizontale, qui commence à la fin du premier trait. Terminez par un arrêt lorsque votre stylo rejoint la fin du deuxième trait. La forme de boîte sera positionnée en bas au centre de l'ensemble.

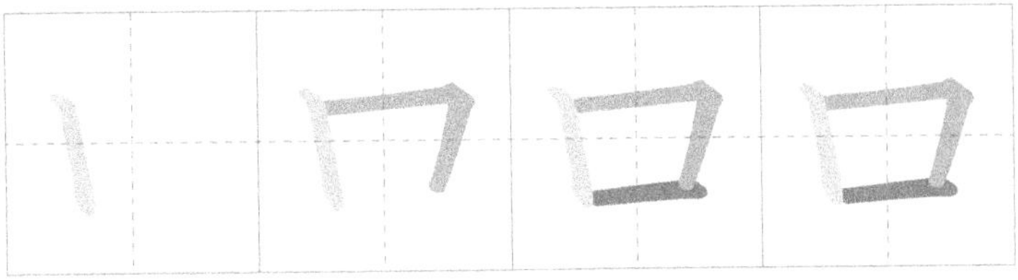

ÉCRIRE Commencez par tracer les formes dans les grandes cellules ci-dessous.

S'ENTRAÎNER Ensuite, entraînez-vous à dessiner ce caractère dans ces petites cellules.

ワ ワ **wa**

Prononcé comme le "wa" de "wasabi".

APPRENDRE

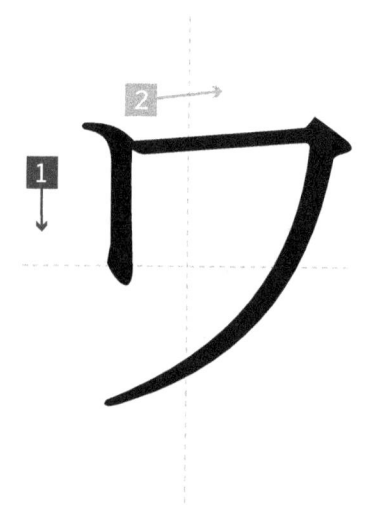

Ce kana se dessine en deux traits : stop, dégradé.

Pour que ce kana ne soit pas confondu avec le Katakana ク, il est important que votre premier trait fasse une ligne verticale droite. Le deuxième trait commence au même endroit que le premier et se déplace tout droit vers la droite avant de tourner et de devenir une ligne diagonale incurvée. Ce trait doit être dégradé progressivement lorsqu'il se rapproche du bas, près du centre.

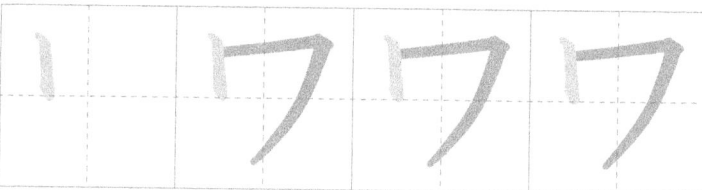

ÉCRIRE

Commencez par tracer les formes dans les grandes cellules ci-dessous.

S'ENTRAÎNER

Ensuite, entraînez-vous à dessiner ce caractère dans ces petites cellules.

ヲ ヲ **wo**[*]

Prononcé comme le "oh" de woah, avec un "w" muet.

APPRENDRE

Dessiné avec trois traits ; un long dégradé et deux arrêts.

Notre avant-dernier caractère kana commence par deux traits horizontaux dans la moitié supérieure de la cellule. Ce sont des traits parallèles et le deuxième est légèrement plus court. Le troisième trait est une longue courbe qui commence à la fin du premier trait. Il doit rejoindre la fin du deuxième trait et s'estomper dans la partie inférieure gauche de la cellule.

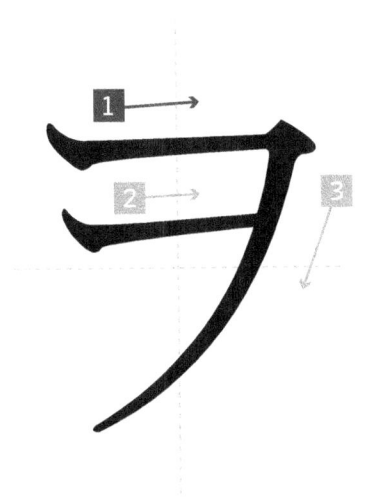

Uncommon kana, used as a particle.

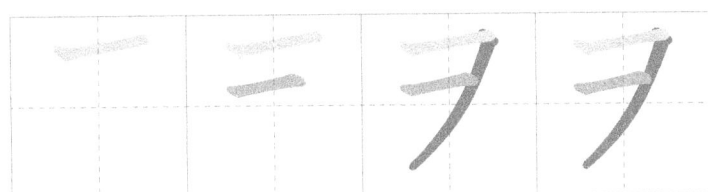

ÉCRIRE

Commencez par tracer les formes dans les grandes cellules ci-dessous.

S'ENTRAÎNER

Ensuite, entraînez-vous à dessiner ce caractère dans ces petites cellules.

 **n**

Prononcé comme le son "n" de "encre".

APPRENDRE

Ce kana se dessine avec deux traits : arrêt court, dégradé.

Notre dernier katakana de base ン est facilement confondu avec ソ , il est donc essentiel que le caractère soit dessiné plus large dans l'ensemble. Le premier trait est une ligne angulaire assez courte, presque verticale, qui se termine par un stop. Le deuxième trait est une ligne plus superficielle, incurvée, partant en diagonale du côté inférieur gauche et remontant vers le côté supérieur droit, et en étant progressivement dégradé vers la fin.

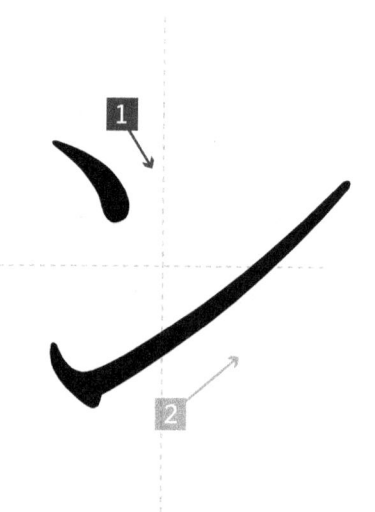

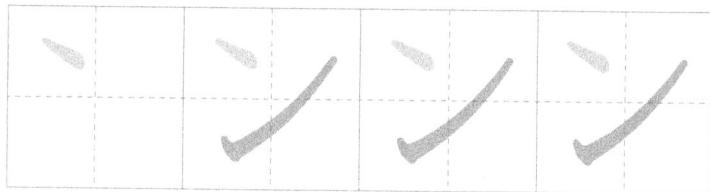

ÉCRIRE

Commencez par tracer les formes dans les grandes cellules ci-dessous.

S'ENTRAÎNER

Ensuite, entraînez-vous à dessiner ce caractère dans ces petites cellules.

PARTIE 6

À PROPOS
DES KANJI

LA SCIENCE DES KANJI

Au cours de votre étude du japonais, vous avez sans doute entendu parler des kanji, l'une des composantes les plus intimidantes pour les débutants en japonais. Maîtriser les kanji, comme tout autre aspect de la langue, demande beaucoup d'efforts et de temps, mais ce guide a été spécialement conçu pour vous montrer comment commencer à apprendre les kanji en toute simplicité !

On dit des kanji japonais (漢字) qu'ils représentent le troisième alphabet de la langue, mais ce n'est pas tout à fait exact. En tant que francophones apprenant l'hiragana et le katakana, vous avez probablement remarqué les ressemblances entre l'alphabet français et ces syllabaires japonais. Tous deux sont conçus pour décrire les sons phonétiques des mots dans leurs langues respectives, mais le kanji est bien différent. Les kanji, importés du système d'écriture chinois il y a des milliers d'années, sont, comme leurs parents chinois, un système d'écriture logographique, ce qui veut dire que chaque caractère représente une signification plutôt qu'un son spécifique. Ainsi, lorsque vous lisez le japonais, certains caractères kanji peuvent être lus jusqu'à 18 façons différentes ! Mais ne vous laissez pas effrayer, car la plupart des kanji n'ont que deux prononciations : le kunyomi et l'onyomi. La lecture kunyomi est utilisée lorsque le caractère est utilisé pour représenter un mot japonais natif, ce qui est utile pour différencier les nombreux mots japonais à consonance similaire. En revanche, la lecture onyomi est utilisée lorsque les caractères sont utilisés dans le même mot que d'autres kanji, généralement des mots empruntés au chinois.

UNE BRÈVE HISTOIRE DU JAPONAIS ET DES KANJI

La langue japonaise fait partie des langues isolées du monde, ce qui signifie qu'elle n'a pas d'ancêtre connu ni de langues apparentées, à l'exception des langues ryukyuanes parlées dans les îles situées au sud du continent. Cela veut dire que, contrairement à l'anglais et à l'allemand qui sont "génétiquement apparentés" dans la mesure où ils sont tous deux issus d'une langue mère, appelée proto-germanique, et partagent de nombreux mots et une grammaire identiques, le japonais n'a pas de parent ou de frère ou sœur connus. Cependant, dès le Ve siècle, le Japon a introduit des caractères chinois via la péninsule coréenne et a commencé à utiliser le système d'écriture chinois pour les textes et les documents dans son propre pays. Ce style d'écriture, appelé kanbun, était entièrement écrit avec des caractères, une grammaire et une syntaxe chinois, mais prononcé avec un mélange de lectures chinoises et japonaises. Cela semble déroutant ? C'est le cas !

Le kanbun a été classé par certains érudits comme une langue créole entièrement à part, car il serait incompréhensible pour le citoyen chinois ou japonais moyen de l'époque. Néanmoins, ou précisément pour cette raison, il est devenu largement populaire auprès de l'élite et des classes nobles, et la plupart des ouvrages intellectuels et officiels du 9e siècle au 20e siècle ont été écrits dans ce style. En fait, les syllabaires hiragana et katakana ont été développés plus tard, par les femmes des cours nobles qui n'avaient pas accès à l'éducation rigoureuse nécessaire pour écrire dans cet hybride chinois-japonais. Elles utilisaient un petit nombre de caractères chinois pour leur seule sonorité pour représenter le japonais, et la manière cursive d'écrire ces caractères s'est simplifiée avec le temps pour devenir l'hiragana que nous connaissons aujourd'hui. Alors que de nombreux membres de l'élite préféraient écrire dans ce style kanbun, l'hiragana, facile à apprendre, est devenu de plus en plus populaire parmi les non-élites et les personnes qui n'auraient pas pu écrire autrement. Avec le temps, les syllabaires et l'utilisation des kanji se sont fondus dans l'écriture japonaise que nous connaissons aujourd'hui, qui utilise un mélange des trois dans l'écriture quotidienne et dans les textes officiels.

IL Y A COMBIEN DE KANJI ?!?!???

Après des siècles d'importation de ces caractères au Japon, on trouve aujourd'hui de très nombreux kanji, plus de 50 000 selon certaines estimations ! Cependant, la grande majorité d'entre eux ne sont pas standardisés ou ne sont plus utilisés et on ne les rencontre pas en dehors des textes écrits en japonais classique. En réalité, le test d'aptitude aux kanji le plus rigoureux au Japon pour les historiens et les traducteurs ne porte que sur environ 6 000 caractères, les jōyō kanji (littéralement, caractères chinois d'usage quotidien) étant les 2 136 caractères standard requis pour être considéré comme maîtrisant la langue. Ces jōyō kanji sont également ce qui est enseigné du CP à la fin du lycée aux enfants japonais, il y a donc beaucoup de matériel pédagogique pour ces kanji.

OÙ COMMENCER

Et comment ces jeunes élèves commencent-ils à apprendre tous ces caractères ? De la même façon que vous, par la répétition, la pratique, la découverte et l'utilisation des kanji dans des situations courantes. Un grand nombre des premiers caractères que vous apprendrez sont pictographiques, ce qui signifie qu'ils représentent visuellement la signification qui leur est associée. Par exemple, le caractère pour arbre, 木 (ki), ressemble à un arbre avec le tronc central et plusieurs branches. Le caractère pour la rivière, 川 (kawa), ressemble à un courant d'eau qui se précipite vers le bas. Ces kanji pictographiques ne représentent qu'une petite partie de l'ensemble des caractères utilisés dans le japonais moderne, mais constituent un bon moyen pour les étudiants débutant dans les langues logographiques de s'y familiariser. C'est également un avantage car beaucoup des premiers kanji pictographiques sont assemblés pour former de nouveaux kanji. Vous rencontrerez donc beaucoup de nouveaux caractères et aurez déjà une idée de la signification, ou du son, du caractère.

Au fur et à mesure que les caractères commencent à devenir plus complexes, de nombreux apprenants utilisent des moyens mnémotechniques pour les aider à se souvenir de la signification des kanji plus avancés, qui sont le plus souvent composés de 2 parties ou plus, appelées radicaux. Par exemple, un moyen mnémotechnique bien connu pour le caractère 町 (ville, machi) consiste à se rappeler qu'il s'agit d'une rizière (田) à côté d'une rue (丁), deux éléments que l'on retrouve dans 100% des petites villes japonaises.

Étant donné que la plupart des gens apprennent les kanji en suivant un ordre similaire à celui des élèves des écoles primaires japonaises, la lecture de livres pour enfants peut être un très bon moyen de s'exercer une fois que vous avez une base solide de caractères. Une fois que ceux-ci deviennent plus faciles, vous pouvez essayer un livre plus difficile, ou une autre option populaire, les mangas. Comme vous le savez probablement déjà, les mangas sont des bandes dessinées japonaises qui, ces dernières années, sont devenues extrêmement populaires dans le monde entier. C'est une excellente option pour les personnes qui essaient de commencer à lire en japonais, car les illustrations aident beaucoup à comprendre le texte. Si vous savez déjà lire les caractères, le dessin agit comme une bonne visualisation des mots pour mieux les retenir. D'autre part, si vous ne comprenez pas tous les mots, les mots que vous comprenez, associés au contexte des illustrations, vous permettront de mieux comprendre le sens du mot ou du caractère, par vous-même.

APPRENDRE À ÉCRIRE LES KANJI (OU PAS)

En arrivant à cette page, vous vous dites peut-être : "Eh bien, si je prévois surtout de parler et d'écouter en japonais, il me suffit d'apprendre les hiragana et les katakana. Je peux tout écrire dans la langue avec ces caractères et je n'ai donc pas besoin d'apprendre à écrire les kanji du tout."

C'est vrai dans une certaine mesure. Vous pourriez théoriquement parler couramment le japonais oral sans apprendre un seul caractère kanji et écrire le prochain grand roman japonais entièrement en hiragana. Cependant, tous ceux qui le liront auront beaucoup de mal à différencier les mots (l'écriture japonaise ne comporte pas d'espaces) et devront probablement prononcer la plupart des mots individuellement pour les comprendre, car ils sont tellement habitués à lire avec les kanji. Mais c'est possible. Cependant, si vous voulez un jour vous rendre au Japon et comprendre les panneaux et les indications, si vous voulez un jour écrire quelque chose qui soit facile à lire et à comprendre, si vous voulez un jour lire une seule phrase dans cette langue, vous allez devoir étudier.

LA LECTURE (POUR APPRENDRE LES KANJI)

Certains puristes du japonais vous diront peut-être que, comme la méthode d'immersion pour apprendre la composante orale d'une langue, plutôt que d'étudier des programmes, vous feriez un meilleur usage de votre temps en vous plongeant dans un contenu écrit tel qu'un journal et en cherchant chaque mot que vous rencontrez jusqu'à ce que vous commenciez à le comprendre. Bien que cela soit théoriquement possible une fois que vous avez une connaissance de base de la grammaire et des deux syllabaires, la plupart du temps, cela ne fera que vous frustrer et vous donner des crampes aux doigts à force de chercher tant de kanji à la main. Comme indiqué précédemment, le fait de lire simplement est la meilleure façon d'apprendre à lire le japonais, mais seulement après avoir acquis des bases suffisantes dans la langue pour ne devoir chercher que quelques mots par ligne. Il y aura des apprenants japonais qui feront exception à cette règle et qui seront prêts et suffisamment dévoués pour essayer de lire des journaux jour après jour, et je suis sûr qu'ils obtiendront d'excellents résultats avec suffisamment de temps, mais pour la plupart, je recommande d'attendre ne serait-ce que quelques mois avant de plonger dans le contenu écrit quotidien pour adultes.

DANS QUEL ORDRE APPRENDRE LES KANJI

En général, les cours de kanji, les applications et les livres d'étude présentent les caractères dans l'un des quatre ordres principaux, chacun d'entre eux se chevauchant largement. Les caractères de ces livres seront souvent ordonnés selon la façon dont les kanji sont enseignés aux enfants dans les écoles primaires japonaises, depuis les mots qui constituent les éléments de base du sens et de la conversation (personnes, son, main, maison, enfant, manger, boire, vivre, etc.) jusqu'aux mots plus abstraits et peu communs à mesure que les enfants grandissent. Certains guides d'exercices adoptent une approche plus statistique et enseignent les caractères dans l'ordre, des kanji les plus courants aux caractères les plus rares. Dans le même ordre d'idées, certains sont classés des kanji les plus simples (一, ichi, signifiant 1) aux caractères les plus compliqués et les plus denses, avec des nombres de traits (en fait, le nombre de fois que le stylo effectue un nouveau trait lors de l'écriture du caractère) de l'ordre de 20.

Et bien sûr, de nombreux supports d'étude, comme ce livre, basent leur liste de kanji sur le test de compétence en langue japonaise, la mesure standardisée mondiale de la capacité d'un locuteur non natif dans la langue. Bien que l'organisation du JLPT ne publie pas de liste officielle des caractères qui figureront ou non dans ses tests, après de nombreuses années de tests, les instructeurs ont élaboré un guide précis des caractères susceptibles de figurer dans un niveau donné du JLPT, de N5 (compétence de base) à N1 (compétence de niveau natif ou quasi-natif). Bien que toutes ces méthodes de classement diffèrent légèrement, comme indiqué précédemment, elles sont toutes, pour la plupart, classées des kanji les plus basiques (en termes de signification et de nombre de traits) aux plus avancés.

QU'EST-CE QU'UN RADICAL ?

Le terme "radicaux" désigne les éléments constitutifs indivisibles des kanji, c'est-à-dire les petits ensembles de traits qui sont assemblés différemment pour former chaque caractère. Par exemple, le caractère 魑, qui signifie "démons de la montagne", semble à première vue bien trop compliqué pour être écrit soi-même et nécessite un total de 20 traits pour être écrit, un kanji d'une densité déconcertante même pour les locuteurs natifs. Cependant, si vous le voyez comme un arrangement de radicaux standardisés, une collection de petits composants simples (田, 儿, 厶, 亠, 凵, et 内) mis ensemble, il devient beaucoup plus facile à conceptualiser. Avec certains de ces mêmes composants, nous pouvons fabriquer le kanji 充 (" assez "), un caractère ayant les mêmes parties constitutives mais une signification complètement différente.

APPRENDRE LES KANJI À PARTIR DES RADICAUX

Certains cahiers d'exercices proposent une méthode plus avancée d'apprentissage et de mémorisation des kanjis, en classant les kanjis selon leurs composantes de sens, une classe spéciale de radicaux. Les composantes de sens sont les composantes du kanji qui se trouvent (généralement) à gauche du caractère et qui donnent un indice sur la signification du kanji. Au fur et à mesure que vous apprenez des kanji, vous pouvez commencer à voir un modèle, comme par exemple les caractères 汁, 沖, 沈 et 渚 qui partagent tous ces trois petits points sur leur gauche. C'est parce que ces trois points sont censés représenter des gouttes d'eau, et que la signification de chacun de ces caractères (bouillon, pleine mer, naufrage et rivage, respectivement) a quelque chose à voir avec l'eau ou la liquidité dans un sens plus abstrait. Ces radicaux, dont le nombre est traditionnellement de 214, permettent de classer les caractères dans un dictionnaire de kanji et peuvent être des indices très utiles sur la signification d'un caractère, en particulier si vous connaissez déjà l'autre caractère d'un mot dans lequel il se trouve.

Parmi les autres radicaux courants utilisés comme composants de sens que vous retrouverez rapidement dans votre parcours japonais, citons 月 ("lune"), 火 ("feu"), 木 ("bois"), 金 ("métal") et 土 ("sol"), qui sont tous des noms de jours de la semaine également. Quelques radicaux, comme 月 (tsuki, lune), ont une signification complètement différente lorsqu'ils sont utilisés comme radical dans un kanji. Dans le cas de 月, c'est parce que lorsqu'il est utilisé comme radical, il est une version simplifiée de 肉 (niku, viande) et indique que la signification a quelque chose à voir avec la chair. Toutefois, quand vous aurez appris ces quelques particularités et compris environ 50 radicaux, ce qui arrivera bien plus tôt que vous ne le pensez, vous aurez un indice gratuit sur un grand pourcentage des nouveaux kanji que vous rencontrerez, juste comme ça !

COMPOSANTS SONORES

Bien que les composantes ayant un sens se trouvent généralement sur le côté gauche d'un kanji, on trouve sur le côté droit ce que l'on appelle la composante sonore. La plupart des kanji ont un radical qui donne une indication sur la signification et une composante sonore qui donne une indication sur le son, et qui différencie le caractère des autres ayant la même composante de signification. Il convient de noter que la composante sonore ne donne qu'un indice sur la lecture empruntée à la Chine, l'onyomi, et non sur la lecture japonaise du caractère (également appelée kunyomi), s'il y en a une.

Par exemple, une composante sonore commune à retenir est dérivée du caractère 方 (signifiant " direction/côté ", avec onyomi lisant hou). Ce caractère fait allusion au son de chacun de ces caractères : 肪 (bou), 枋 (hou), 彷 (hou), 訪 (hou), 防 (bou), et bien d'autres encore. Comme vous pouvez le voir avec ceux qui sont lus comme bou, ce système n'est pas parfait, mais la plupart du temps, si l'onyomi n'est pas le même que le caractère dont la composante sonore est dérivée, il aura au moins la consonne ou la voyelle en commun.

CHANGEMENTS SONORES ENTRE LE CHINOIS ET LE JAPONAIS

Comme nous l'avons dit, le chinois et le japonais ne sont pas des langues génétiquement liées (c'est-à-dire qu'elles ne sont pas issues d'une langue ancestrale commune). Cependant, à l'instar de l'anglais et du français, les milliers d'années d'échanges culturels entre les deux civilisations font que de nombreux mots en chinois et en japonais, en particulier ceux qui décrivent des concepts et des processus plus complexes, ont parfois une consonance assez similaire.

Par exemple, en chinois mandarin moderne, le mot désignant la montagne se prononce shān et s'écrit 山. De même, en japonais, 山 est lu comme "yama" dans la prononciation japonaise native, mais lu comme "san", très similaire au chinois, lorsqu'il est attaché à la fin du nom d'une montagne, de la même manière que nous disons "Mt. _____" en anglais. Ainsi, si nous voulions écrire "Mont Helena" en japonais, ce serait "ヘレナ山", lu comme "herena-san". Les changements de ce type sont très courants en japonais, et toute personne ayant une connaissance même sommaire du chinois aura une longueur d'avance

LECTURE DES KANJI : KUN'YOMI ET ON'YOMI

Comme indiqué précédemment, chaque caractère kanji japonais a au moins une prononciation, mais la plupart d'entre eux ont au moins deux façons de se prononcer, l'une étant ce que l'on appelle une lecture kun'yomi, et l'autre une lecture on'yomi. Le kun'yomi est utilisé pour écrire des mots japonais à l'aide de caractères chinois, en utilisant la prononciation japonaise. En revanche, l'on'yomi est la prononciation que le caractère avait à l'origine en chinois, avec des modifications pour correspondre à l'ensemble des phonèmes du japonais (tous les sons qui composent la langue). Pour cette raison, le on'yomi est le plus souvent utilisé lorsque le kanji est placé juste à côté d'un autre kanji dans le même mot, car le mot entier a probablement été emprunté à l'origine à un mot chinois.

Ainsi, on peut considérer qu'un kanji n'a (généralement) qu'une seule lecture, le on'yomi, qui signifie même "lecture du son", tandis que le kun'yomi, qui signifie approximativement "lecture du sens", est destiné à représenter un mot japonais natif comme une sorte de raccourci visuel.

Le choix de l'une ou l'autre de ces lectures est l'une des parties de la langue les plus difficiles à appréhender pour les apprenants japonais. Il s'agit en grande partie d'une chose qui demande simplement du temps pour se souvenir de la lecture pour chaque phrase ou contexte dans lequel se trouve un personnage. Cependant, il existe quelques règles générales pour savoir quand utiliser l'un ou l'autre. Comme mentionné précédemment, si deux kanji sont ensemble dans le même mot, il y a une très forte probabilité que les deux caractères soient lus par leur son on'yomi. Si le kanji est seul, ou à côté d'un hiragana, il sera probablement lu avec sa version kun'yomi. Pour vous en souvenir, notez que lorsque le kanji se trouve à côté de caractères empruntés au chinois (c'est-à-dire d'autres kanji), il utilisera la lecture empruntée au chinois, mais lorsque le kanji se trouve à côté de caractères japonais natifs (c'est-à-dire des hiragana), il utilisera la prononciation japonaise native. En outre, les noms japonais de personnes et de lieux utilisent presque toujours le kun'yomi. Évidemment, comme pour toute règle linguistique, ces règles comportent de nombreuses exceptions qui nécessiteront malheureusement beaucoup de pratique pour les mémoriser. Certains mots utilisent parfois le même caractère mais ont une signification différente selon si vous utilisez le on'yomi ou le kun'yomi ! Mais avec le temps, tout commencera à avoir un sens, et les règles de base que j'ai énoncées vous mèneront triomphalement à travers un grand pourcentage des mots que vous rencontrerez.

L'ORDRE DES TRAITS

Quand on écrit les kanji, chaque caractère a une méthode spécifique d'écriture qui constitue la manière "correcte" de l'écrire. C'est ce qu'on appelle l'ordre des traits (ou "coups"). Ne vous en faites pas trop, cependant, car il existe des règles simples à suivre qui vous permettront de vous familiariser avec tous les kanji utilisés dans la vie quotidienne et au-delà, et qui peuvent même vous aider à vous souvenir de kanji que vous auriez autrement oubliés. Vous vous souvenez des radicaux, que nous avons vus précédemment ? Ces petits composants sont particulièrement importants pour comprendre l'ordre des traits sans trop de convolution. Pour faire simple, chaque radical est écrit dans un ordre spécifique, cet ordre étant (presque) toujours de gauche à droite et de haut en bas. De la même manière, les kanji s'écrivent radical par radical, de gauche à droite et de haut en bas. Si vous vous souvenez de notre discussion sur les composantes du sens et les composantes du son, cela signifie que vous écrirez d'abord la composante du sens, qui se trouve à gauche, puis la composante du son, qui se trouve généralement à droite. Comme je le dis toujours, Il y a des exceptions à cette règle, comme la composante de sens 辶 ("route" ou "progression"), qui est généralement le dernier radical à être écrit dans un kanji, mais ces règles vous permettront d'écrire sans problème environ 90 % des caractères de la langue.

De la même façon que la mémorisation des radicaux vous aidera à lire et à comprendre les kanji, la mémorisation de l'ordre des traits vous aidera à vous souvenir de la façon d'écrire les kanji, car elle vous permet de voir non pas un fouillis de lignes et de tirets, mais un symbole cohérent avec une façon standard et régulière d'en produire un vous-même qui est le même que celui de tout le monde. L'ordre correct des traits est également un élément essentiel d'une bonne écriture, car il est très difficile de conserver le bon équilibre et la bonne taille de chaque trait si vous l'écrivez au hasard, dans l'ordre que vous voulez. De plus, à l'ère moderne, l'ordre des traits est très important lorsque l'on dessine un caractère sur un écran tactile, pour rechercher la lecture d'un kanji dans un livre par exemple. Pour des raisons mentionnées précédemment, comme le fait que la composante de sens est souvent écrite en premier, les ordinateurs tiennent compte de l'ordre des traits pour reconnaître le caractère que vous dessinez sur l'écran. Si vous écrivez dans un ordre incorrect, il y a beaucoup moins de chances que le processeur reconnaisse le caractère correct que vous cherchez. Il faut donc être particulièrement attentif à cet aspect lorsque vous étudiez sur un smartphone.

POINTS ET TIRETS : ÉCRIRE LES KANJI SOI-MÊME

Voilà, c'est tout. Un résumé complet de l'histoire et du guide d'apprentissage de cette partie de la langue japonaise, à la fois belle et difficile. Vous possédez maintenant une connaissance considérable des nombreux éléments qui composent la forme, le son et la signification de chaque caractère : "Alors comment puis-je les écrire par moi-même ?"

Certes, l'art de la calligraphie japonaise est pour certains le fruit d'un parcours de toute une vie, et tout comme les maîtres calligraphes, vous n'obtiendrez pas une écriture parfaite du jour au lendemain. Cependant, ces directives et principes de base vous aideront sur la voie de caractères parfaitement équilibrés et magnifiques !

Comme pour de nombreux systèmes d'écriture, beaucoup de kanji sont très similaires les uns aux autres, et leur signification peut changer complètement en fonction de petites différences. Par exemple, vous avez peut-être déjà remarqué la ressemblance entre un "f" minuscule et un "t" minuscule ? Comme en français, plutôt que la taille absolue, ces différences sont reconnues dans les longueurs relatives des traits par rapport aux autres dans le caractère. Par exemple, deux kanji que vous rencontrerez assez tôt dans ton étude, 土 (DO, "sol") et 士 (SHI, "guerrier") se différencient uniquement par celui des deux traits qui est le plus long, comme on peut le voir. C'est également le cas de 未 (MI, "pas encore") et 末 (MATSU, "fin"), deux autres caractères communs. Heureusement, les concepts représentés par ces kanji sont tous suffisamment différents pour que vous ne risquiez que rarement de confondre quelqu'un si vous écrivez accidentellement le mauvais, mais garder la trace des longueurs de chaque trait par rapport aux autres dans chaque caractère que vous rencontrez est un moyen rapide de commencer à écrire des kanji plus équilibrés et plus précis.

Par ailleurs, il est important de laisser de l'espace vide dans certains caractères plutôt que de tout entasser pour obtenir une écriture soignée et lisible. Par exemple, 八, le caractère pour 8, commencerait rapidement à ressembler à 入 (hai-ru, "entrer") sans cet espace crucial au milieu où les traits sont séparés.

Ces conseils concernent surtout l'écriture des caractères tels qu'ils sont traditionnellement écrits, afin que votre écriture n'ait pas l'air artificielle. En écrivant, faites toujours attention aux traits qui se rencontrent et à la façon dont ils se croisent. Lorsque deux traits se touchent, soit ils se croisent et un trait dépasse de l'autre, soit ils forment un T sans rien dépasser.

Par exemple, le caractère 止 (to-meru, "arrêt") a tous ses traits qui se heurtent les uns aux autres, mais aucun d'entre eux ne continue au-delà de la ligne qu'il touche. Comparez cela au caractère 生 (SEI, "vie"), qui a de nombreux traits qui se croisent. En revanche, pour les traits qui ne se croisent pas, lorsqu'on arrive à la fin d'un trait, il y a trois façons principales de le terminer. Il y a le point final, où votre stylo ou votre pinceau s'arrête complètement à la fin du trait. En regardant 止, nous pouvons voir que chaque trait se termine par un point. Par contre, un trait de pinceau persistant s'estompe au fur et à mesure que vous appliquez moins de pression sur la longueur du trait. Les caractères avec des lignes diagonales vers le bas comme 大, 人, 木, 本, etc. utilisent tous cette ligne persistante. La dernière des façons courantes de voir les traits se terminer est par une courbe ou un crochet. Les crochets sont plus ou moins explicites, parfois lorsqu'un trait se termine, il s'accroche vers le bas ou vers le haut à un angle presque droit par rapport à la ligne originale. Ce crochet est très accentué dans les kanji avec le radical " hallebarde ", comme 戈, 式, ou 代, comme vous pouvez le voir, mais il est également présent dans le côté droit du " chapeau " dans 学 (GAKU, " apprentissage ").

Les traits incurvés apparaîtront le plus souvent par paires au bas des caractères, l'un allant dans chaque direction. Quelques exemples : 兵, 穴, et 典. En matière d'écriture, la courbe de gauche sera souvent plus courte et plus droite, la courbe de droite étant moins anguleuse et mettant plus de temps à s'effacer de la page. Une variante courante de ce motif à deux courbes en bas comporte un crochet à l'extrémité, comme dans 見 ou 兄.

Désormais, vous pouvez vous lancer en toute confiance dans l'étude des kanji avec une bonne longueur d'avance sur les règles et les traditions du système d'écriture. La connaissance des radicaux et des moyens mnémotechniques donne un coup de pouce à la mémorisation, les composantes sonores vous donneront parfois un raccourci si vous savez comment la composante sonore est prononcée, et votre connaissance de l'ordre des traits et des directives d'écriture vous permettra d'apprendre et d'écrire de beaux caractères dès le premier jour. Bonne chance et 頑張りましょう (faites de votre mieux) !

PARTIE 7

KANJI N5 ET PRATIQUE DE L'ORDRE DES TRAITS

KANJI #	RADICAL	COUPS	SIGNIFICATION	UNICODE
0012	日	4	**jour, soleil, Japon, compteur de jours**	65E5

ONYOMI

ニチ、ジツ

nichi, jitsu

KUNYOMI

ひ、-び、-か

hi, -bi, -ka

VOCABULAIRE

毎日(まいにち)	chaque jour	明日(あした)	demain
今日 (きょう)	aujourd'hui	休日 （きゅうじつ）	jour de repos
昨日(きのう)	hier	日曜日(にちようび)	dimanche

ORDRE DES COUPS

Comment se dessine ce Kanji

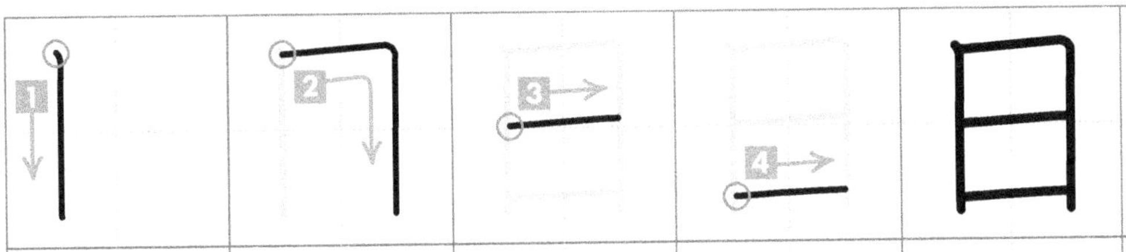

ENTRAINEMENT

Dessinez et entraînez-vous sur ce Kanji ci-dessous

MODES 日 日 日 日 日 日 日 日

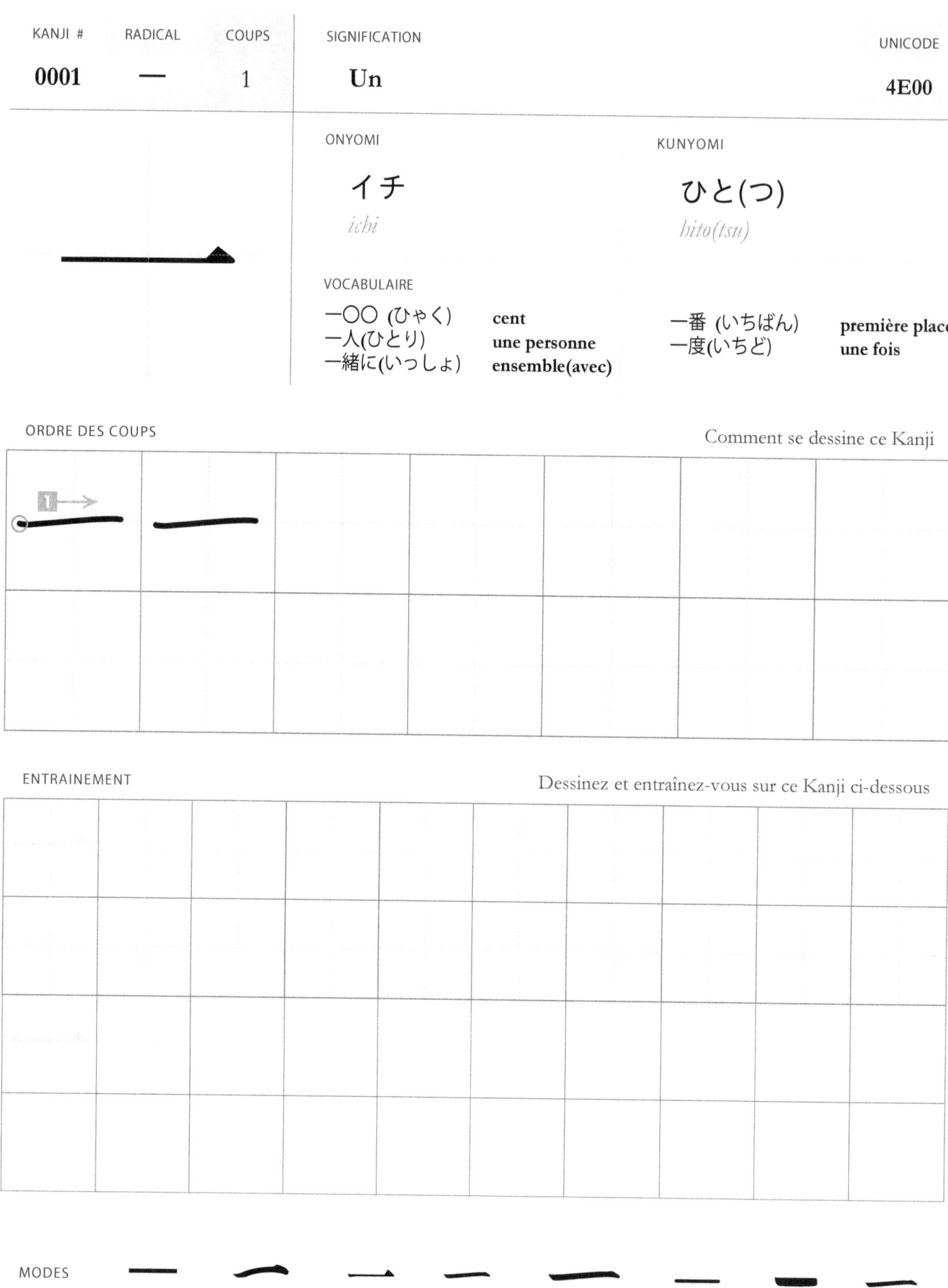

ONYOMI

イチ
ichi

KUNYOMI

ひと(つ)
hito(tsu)

VOCABULAIRE

一〇〇 (ひゃく)　　cent
一人(ひとり)　　une personne
一緒に(いっしょ)　ensemble(avec)

一番 (いちばん)　première place
一度(いちど)　　une fois

ORDRE DES COUPS

Comment se dessine ce Kanji

ENTRAINEMENT

Dessinez et entraînez-vous sur ce Kanji ci-dessous

MODES

KANJI #	RADICAL	COUPS	SIGNIFICATION	UNICODE
0624	口	8	**Pays**	**56FD**

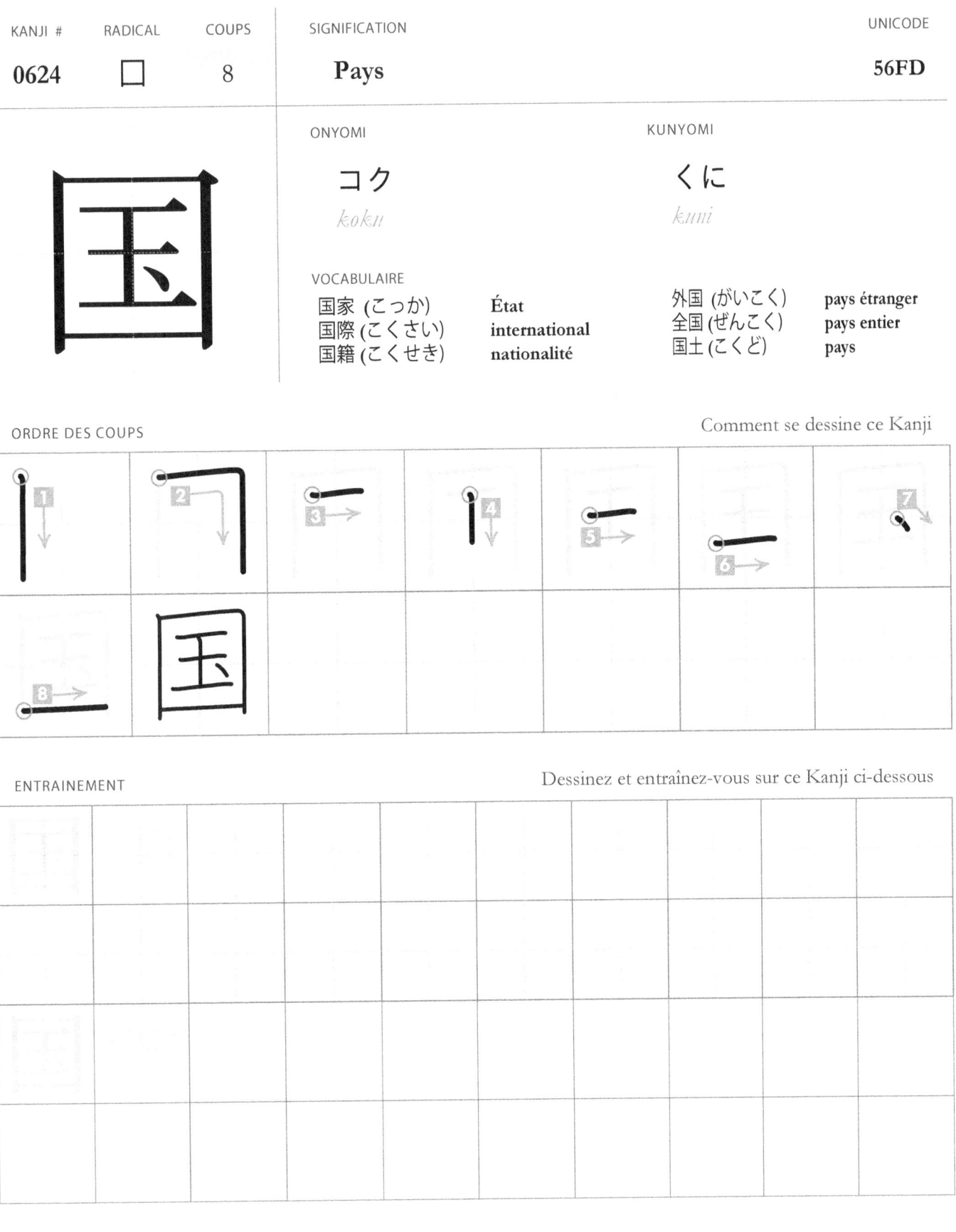

ONYOMI

コク
koku

KUNYOMI

くに
kuni

VOCABULAIRE

国家 (こっか) — **État**
国際 (こくさい) — **international**
国籍 (こくせき) — **nationalité**

外国 (がいこく) — pays étranger
全国 (ぜんこく) — pays entier
国土 (こくど) — pays

ORDRE DES COUPS

Comment se dessine ce Kanji

ENTRAINEMENT

Dessinez et entraînez-vous sur ce Kanji ci-dessous

MODES 国 国 国 国 国 国 国 国

KANJI #	RADICAL	COUPS
0012	人	2

SIGNIFICATION

personne

UNICODE

4EBA

人

ONYOMI

ジン、 ニン

jin, nin

KUNYOMI

ひと

hito

VOCABULAIRE

人生 (じんせい)	**vie**	二人 (ふたり)	**deux personnes**
人口 (じんこう)	**population**	犯人 (はんにん)	**contrevenant**
人類 (じんるい)	**humanité**	友人 (ゆうじん)	**ami**

ORDRE DES COUPS

Comment se dessine ce Kanji

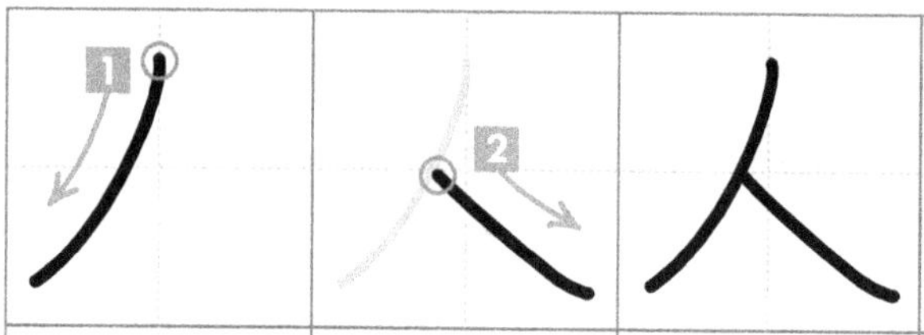

ENTRAINEMENT

Dessinez et entraînez-vous sur ce Kanji ci-dessous

MODES 人 人 人 人 人 人 人 人

KANJI #	RADICAL	COUPS	SIGNIFICATION	UNICODE
1114	干	6	année, compteur d'années	5E74

年

ONYOMI

ネン

nen

KUNYOMI

とし

toshi

VOCABULAIRE

年齢 (ねんれい)	âge ; années	毎年 (まいとし)	chaque année
年月 (としつき)	mois et années	今年 (ことし)	cette année
年金 (ねんきん)	annuité ; pension	来年 (らいねん)	année suivante

ORDRE DES COUPS

Comment se dessine ce Kanji

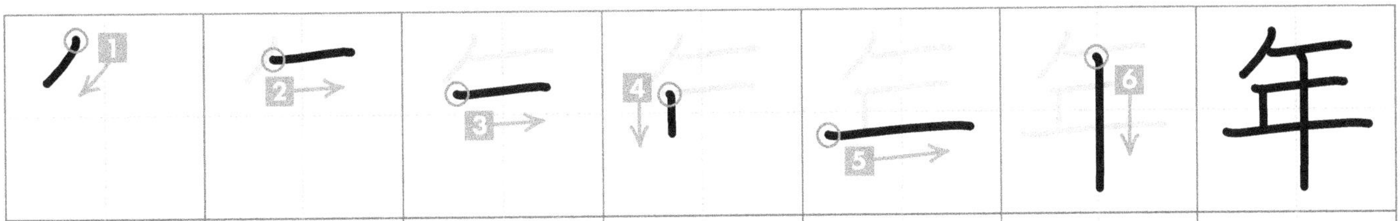

ENTRAINEMENT

Dessinez et entraînez-vous sur ce Kanji ci-dessous

MODES 年 年 年 年 年 年 年 年

0112 大 3 **grand, gros** **5927**

大

ONYOMI

ダイ、タイ
dai, tai

KUNYOMI

おお(きい)
oo(kii)

VOCABULAIRE

大人 (おとな)	adulte		肥大 (ひだい)	gonfler ; élargir
大きい (おお)	grand ; grand		特大 (とくだい)	très grand
大会 (たいかい)	convention		絶大 (ぜつだい)	énorme

ORDRE DES COUPS

Comment se dessine ce Kanji

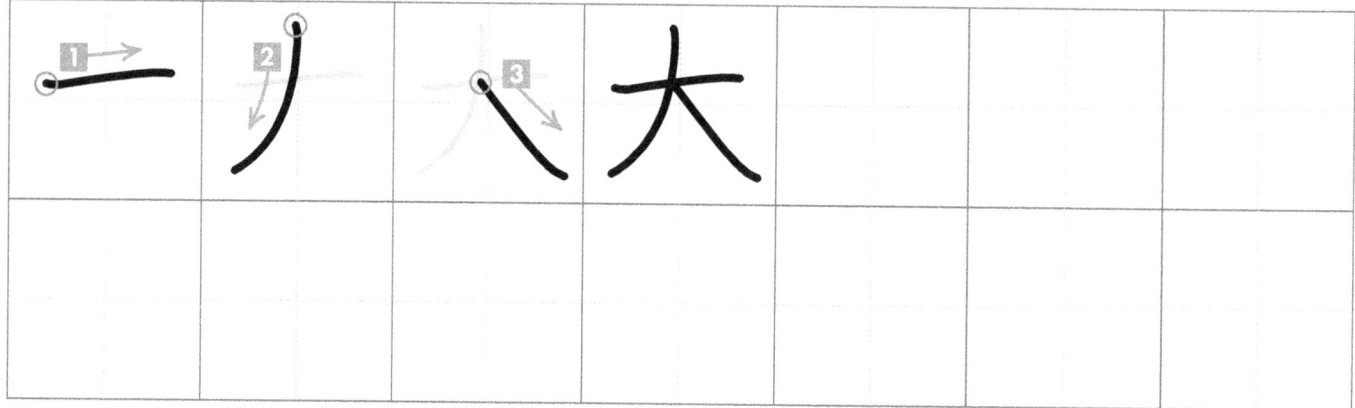

ENTRAINEMENT

Dessinez et entraînez-vous sur ce Kanji ci-dessous

MODES 大 大 大 大 大 大 ★ 大

KANJI #	RADICAL	COUPS	SIGNIFICATION	UNICODE
0010	十	2	**dix, 10**	**5341**

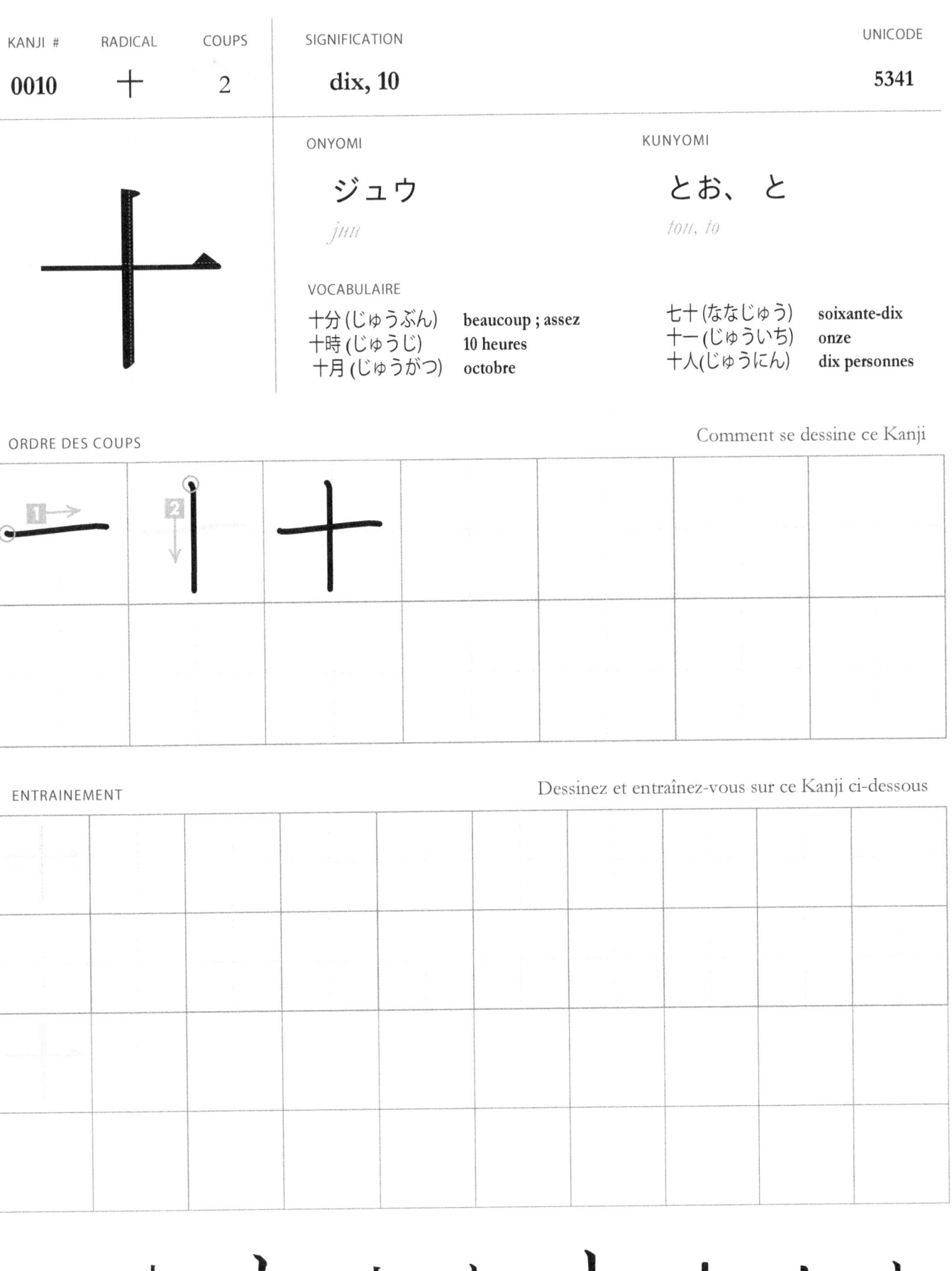

ONYOMI

ジュウ

juu

KUNYOMI

とお、と

tou, to

VOCABULAIRE

十分 (じゅうぶん) beaucoup ; assez
十時 (じゅうじ) 10 heures
十月 (じゅうがつ) octobre

七十 (ななじゅう) soixante-dix
十一 (じゅういち) onze
十人 (じゅうにん) dix personnes

ORDRE DES COUPS

Comment se dessine ce Kanji

ENTRAINEMENT

Dessinez et entraînez-vous sur ce Kanji ci-dessous

MODES

KANJI #	RADICAL	COUPS	SIGNIFICATION	UNICODE
0012	二	2	**deux, 2**	**4E8C**

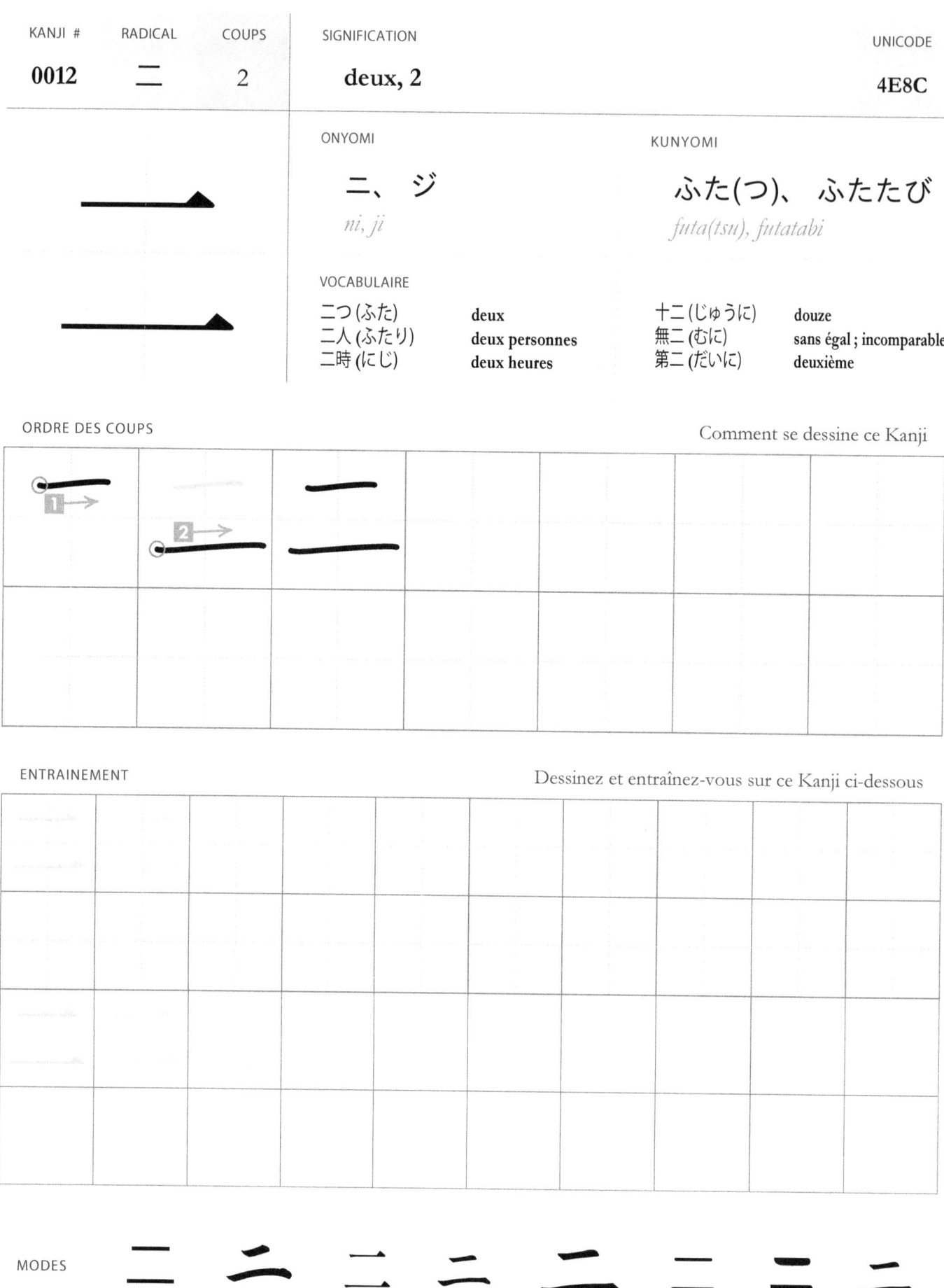

ONYOMI

二、ジ

ni, ji

KUNYOMI

ふた(つ)、 ふたたび

futa(tsu), futatabi

VOCABULAIRE

二つ (ふた) — deux
二人 (ふたり) — deux personnes
二時 (にじ) — deux heures

十二 (じゅうに) — douze
無二 (むに) — sans égal ; incomparable
第二 (だいに) — deuxième

ORDRE DES COUPS

Comment se dessine ce Kanji

ENTRAINEMENT

Dessinez et entraînez-vous sur ce Kanji ci-dessous

MODES

KANJI #	RADICAL	COUPS	SIGNIFICATION	UNICODE
0224	木	5	livre, présent, vrai, compteur pour cylindres longs	672C

本

ONYOMI

ホン

hon

KUNYOMI

もと

moto

VOCABULAIRE

本来 (ほんらい)	à l'origine ; principalement	日本 (にほん)	Japon
本名 (ほんみょう)	nom réel	基本 (きほん)	fondation ; base
本日 (ほんじつ)	aujourd'hui	手本 (てほん)	cahier d'exercices

ORDRE DES COUPS

Comment se dessine ce Kanji

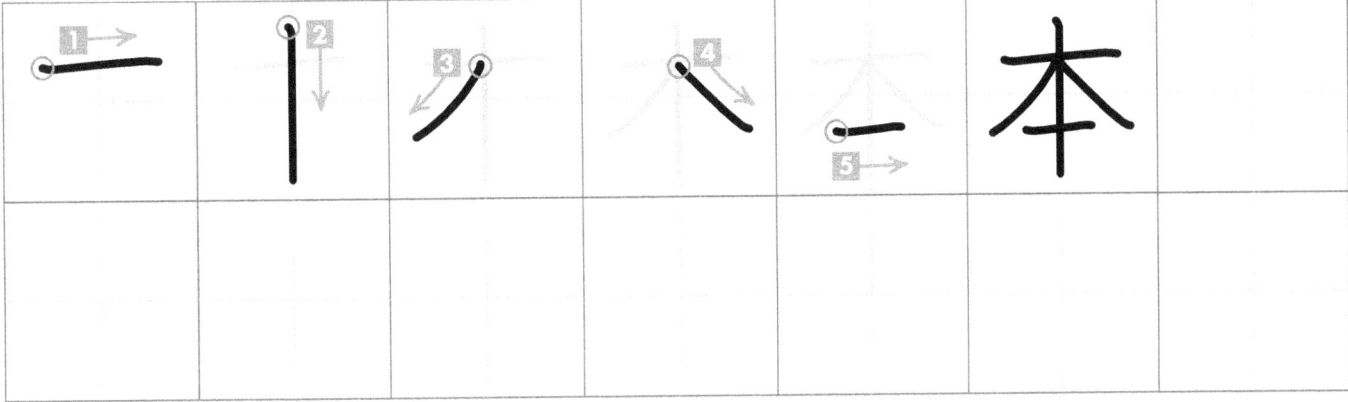

ENTRAINEMENT

Dessinez et entraînez-vous sur ce Kanji ci-dessous

MODES　　本　本　本　本　本　本　本　本

0039 | | | 4 | **dans, à l'intérieur, au milieu, moyen, centre** | **4E2D**

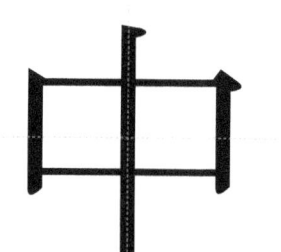

ONYOMI

チュウ
chuu

KUNYOMI

なか、うち、あた(る)
naka, uchi, ata(ru)

VOCABULAIRE

中国 (ちゅうごく) Chine
中止 (ちゅうし) suspension
中身 (なかみ) contenu

途中 (とちゅう) sur le chemin
集中 (しゅうちゅう) concentration
市中 (しちゅう) dans la ville

ORDRE DES COUPS

Comment se dessine ce Kanji

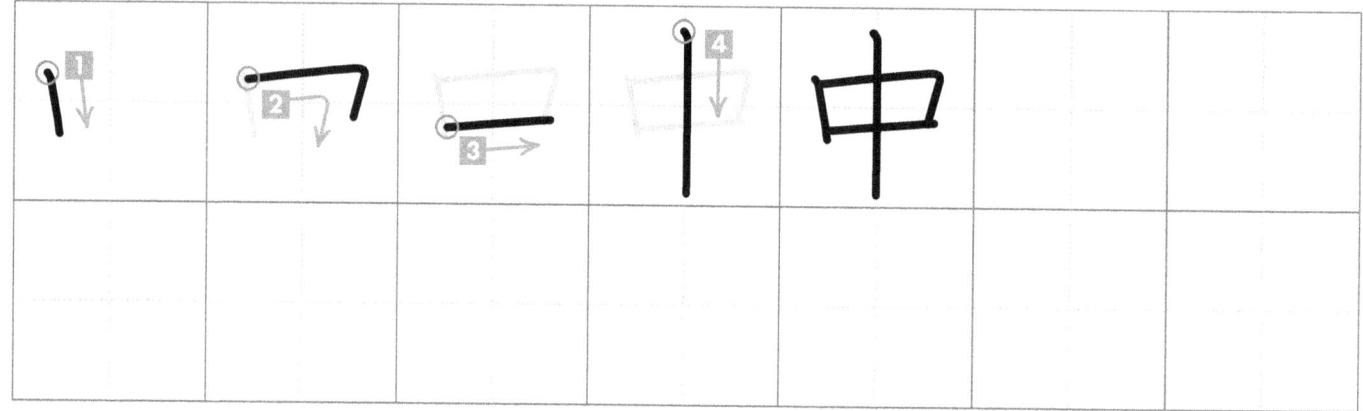

ENTRAINEMENT

Dessinez et entraînez-vous sur ce Kanji ci-dessous

MODES   中

KANJI #	RADICAL	COUPS	SIGNIFICATION	UNICODE
2070	長	8	**longue, leader, supérieur, senior**	9577

ONYOMI

チョウ
chou

KUNYOMI

なが(い)、 おさ
naga(i), osa

VOCABULAIRE

長年 (ながねん)　　longue période
長期 (ちょうき)　　long terme
長所 (ちょうしょ)　point fort

社長 (しゃちょう)　président d'entreprise
全長 (ぜんちょう)　longueur totale
機長 (きちょう)　　pilote

ORDRE DES COUPS

Comment se dessine ce Kanji

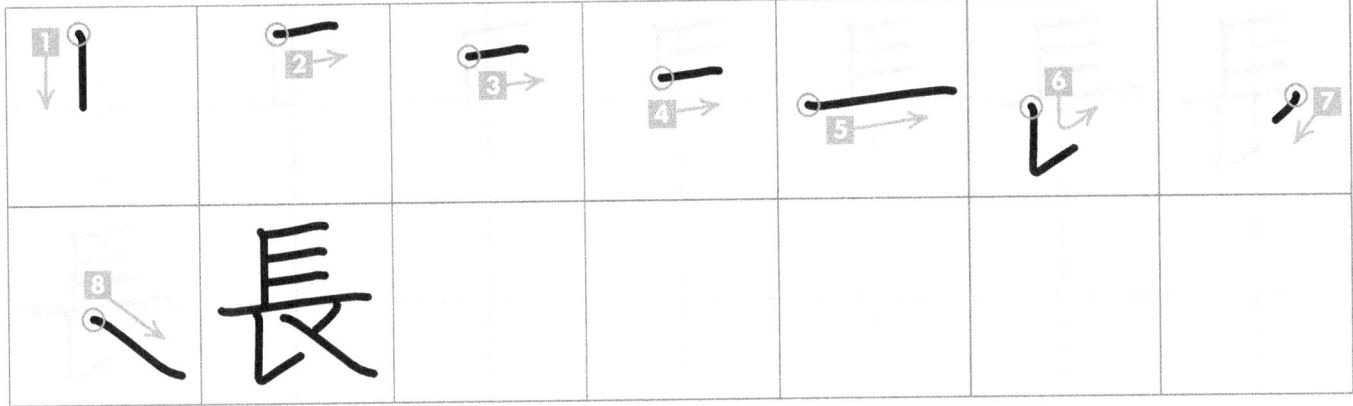

ENTRAINEMENT

Dessinez et entraînez-vous sur ce Kanji ci-dessous

MODES　　長　長　長　長　長　長　長　長

135

KANJI #	RADICAL	COUPS	SIGNIFICATION	UNICODE
0829	凵	5	**sortie, quitter, sortir**	**51FA**

ONYOMI

シュツ、スイ

shutsu, sui

KUNYOMI

で(る)、 だ(す)、 い(でる)

de(ru), da(su), i(deru)

VOCABULAIRE

出発 (しゅっぱつ)　　départ
出口 (でぐち)　　　　sortie
出版 (しゅっぱん)　　publication

見出し (みだ)　　　　**rubrique**
演出 (えんしゅつ)　　**production**
出来事 (できごと)　　**incident**

ORDRE DES COUPS

Comment se dessine ce Kanji

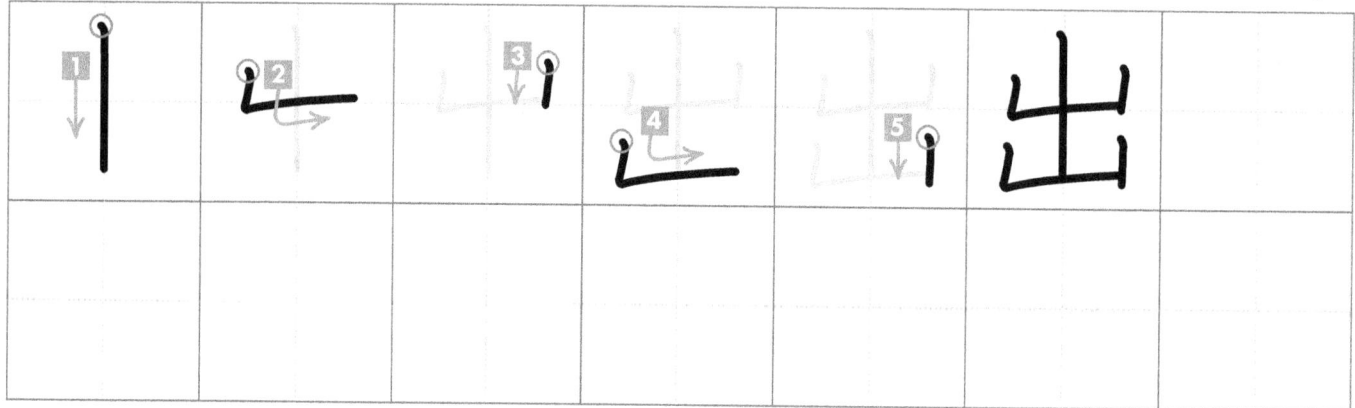

ENTRAINEMENT

Dessinez et entraînez-vous sur ce Kanji ci-dessous

MODES　　出　出　出　出　出　出　出　出

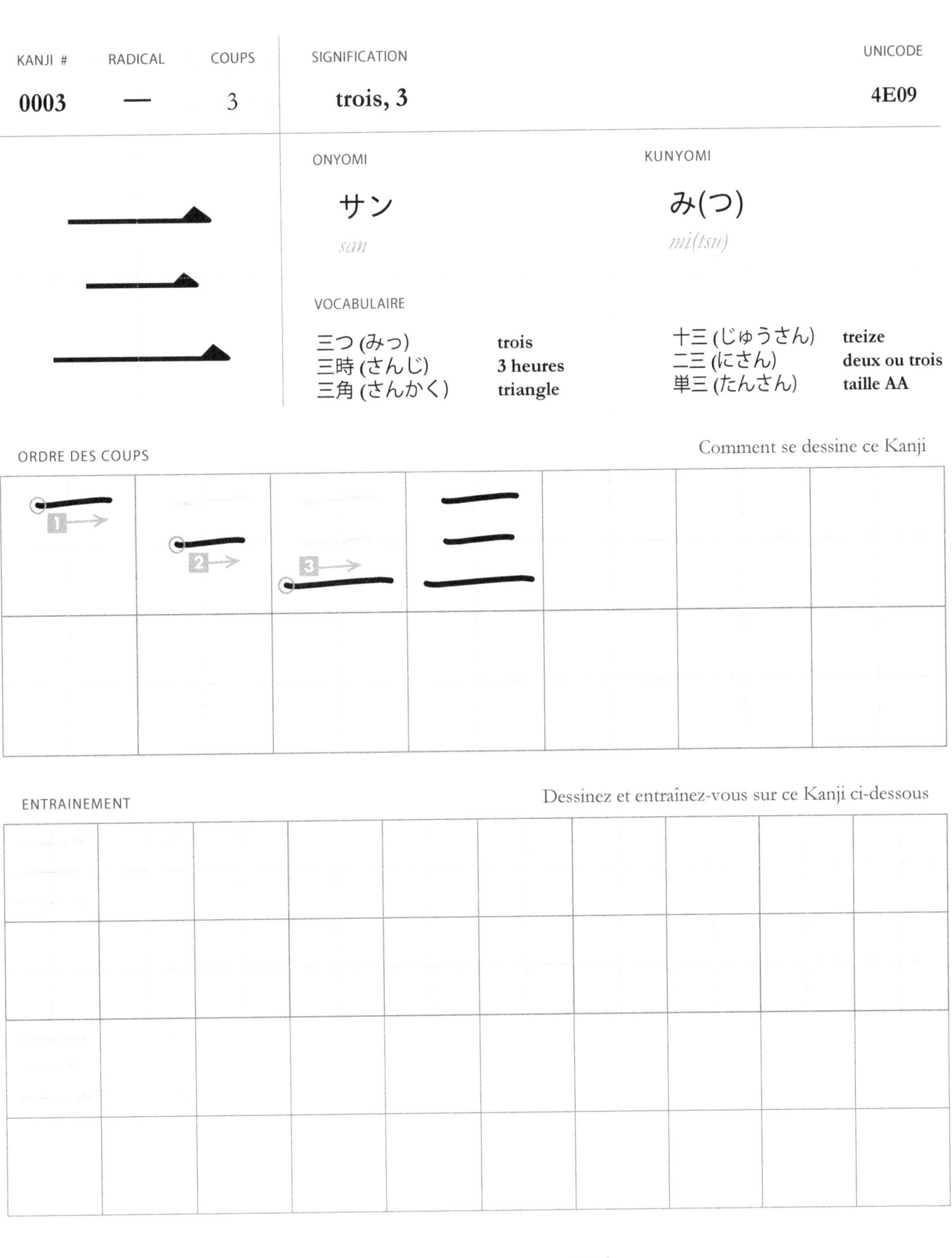

ONYOMI

サン

san

KUNYOMI

み(つ)

mi(tsu)

VOCABULAIRE

三つ (みっ)	trois	十三 (じゅうさん)	treize
三時 (さんじ)	3 heures	二三 (にさん)	deux ou trois
三角 (さんかく)	triangle	単三 (たんさん)	taille AA

ORDRE DES COUPS   Comment se dessine ce Kanji

ENTRAINEMENT   Dessinez et entraînez-vous sur ce Kanji ci-dessous

MODES

KANJI #	RADICAL	COUPS	SIGNIFICATION	UNICODE
0171	日	10	**temps, heure**	**6642**

ONYOMI

ジ
ji

KUNYOMI

とき、-どき
toki, doki

VOCABULAIRE

時計 (とけい)	montre ; horloge	日時 (にちじ)	date et heure
時半 (じはん)	environ une heure	何時 (いつ)	quand ; dans
時差 (じさ)	différence de temps		combien de temps
		同時 (どうじ)	simultanément

ORDRE DES COUPS

Comment se dessine ce Kanji

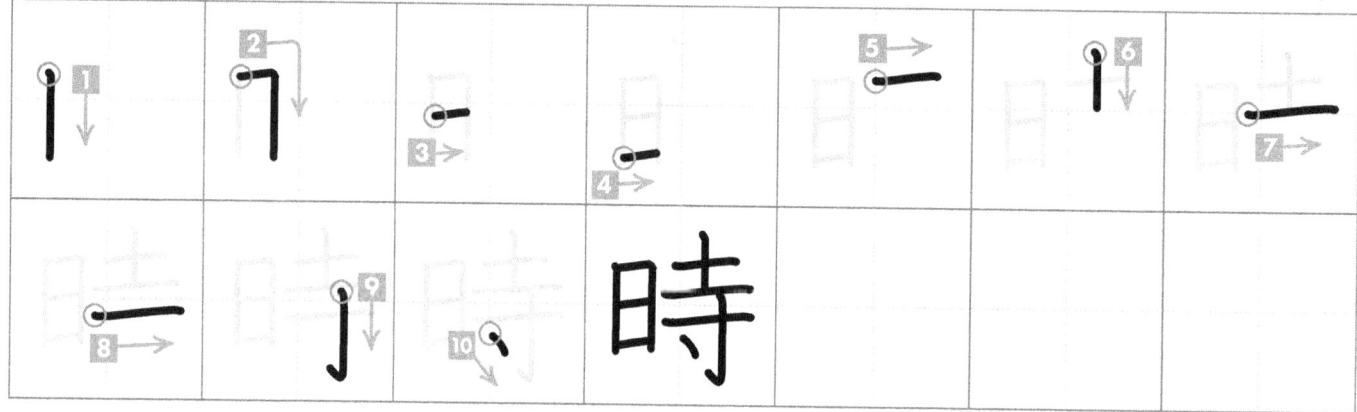

ENTRAINEMENT

Dessinez et entraînez-vous sur ce Kanji ci-dessous

MODES 時 時 時 時 時 時 時 時

KANJI #	RADICAL	COUPS	SIGNIFICATION	UNICODE
0938	行	6	aller, voyage, réaliser, ligne, rangée	884C

ONYOMI

コウ、 ギョウ、 アン

kou, gyou, an

KUNYOMI

い(く)、 ゆ(く)、
おこな(う)

i(ku), yu(ku), okona(u)

VOCABULAIRE

行き (ゆ)	lié à	旅行 (りょこう)	voyage ; déplacement
行事 (ぎょうじ)	événement ; fonction	銀行 (ぎんこう)	banque
行政 (ぎょうせい)	administration	流行 (りゅうこう)	mode

ORDRE DES COUPS

Comment se dessine ce Kanji

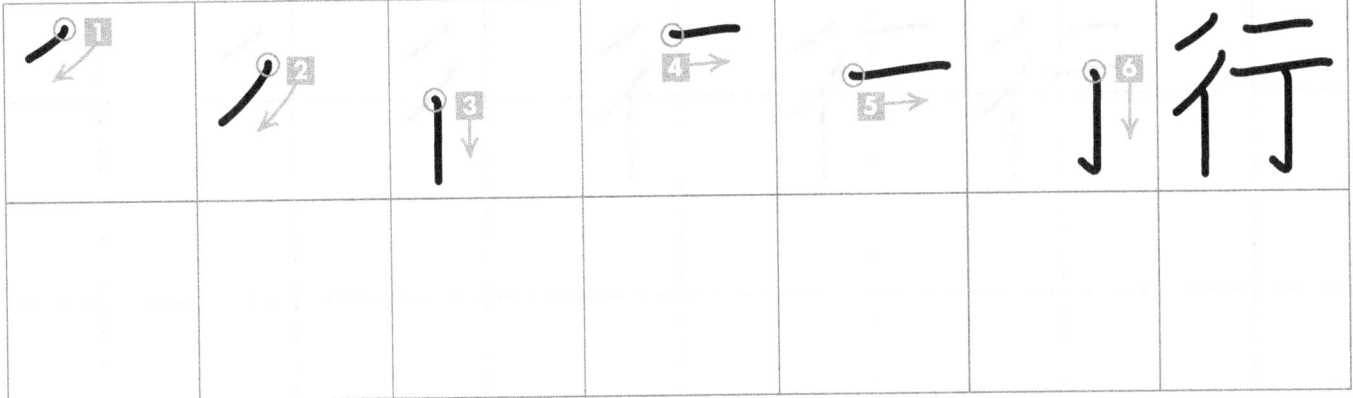

ENTRAINEMENT

Dessinez et entraînez-vous sur ce Kanji ci-dessous

MODES   行 行 行 行 行 行 行 行

KANJI #	RADICAL	COUPS	SIGNIFICATION	UNICODE
0061	見	7	**voir, espoirs, chances, idée, opinion, regarder**	**898B**

見

ONYOMI

ケン

ken

KUNYOMI

み(る)、 み(せる)

mi(ru), mi(seru)

VOCABULAIRE

見る (み)	voir ; regarder	発見 (はっけん)	découverte
見出し (みだ)	rubrique	一見 (いっけん)	regarder ; apercevoir
見解 (けんかい)	opinion	会見 (かいけん)	entretien

ORDRE DES COUPS

Comment se dessine ce Kanji

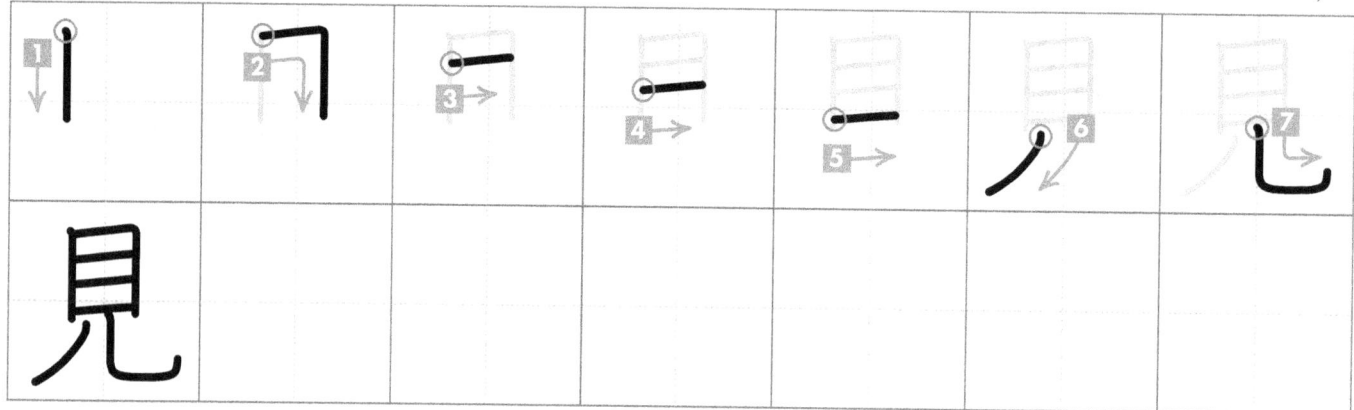

ENTRAINEMENT

Dessinez et entraînez-vous sur ce Kanji ci-dessous

MODES 見 見 見 見 見 見 見 見

KANJI #	RADICAL	COUPS	SIGNIFICATION	UNICODE
0013	日	4	**mois, lune**	**6708**

月

ONYOMI

ゲツ、ガツ

getsu, gatsu

KUNYOMI

つき

tsuki

VOCABULAIRE

月曜 (げつよう)	**lundi**	毎月 (まいつき)	**chaque mois**
月日 (つきひ)	**temps ; années ; jours**	今月 (こんげつ)	**ce mois-ci**
月給 (げっきゅう)	**salaire mensuel**	来月 (らいげつ)	**mois prochain**

ORDRE DES COUPS

Comment se dessine ce Kanji

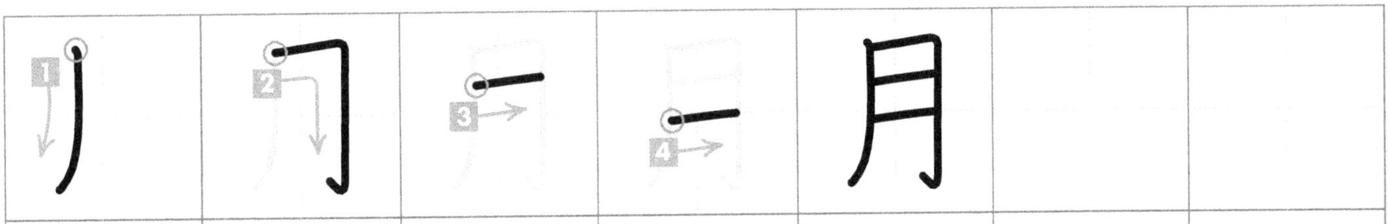

ENTRAINEMENT

Dessinez et entraînez-vous sur ce Kanji ci-dessous

MODES

月 月 月 月 月 月 月 月

KANJI #	RADICAL	COUPS	SIGNIFICATION	UNICODE
0844	刀	4	**partie, minute de temps, comprendre**	5206

分

ONYOMI

ブン、フン、ブ
bun, fun, bu

KUNYOMI

わ(ける)
wa(keru)

VOCABULAIRE

分かる (わ) — comprendre
分野 (ぶんや) — champ ; sphère
分析 (ぶんせき) — analyse

半分 (はんぶん) — moitié
自分 (じぶん) — moi-même ; vous-même
気分 (きぶん) — sentiment ; humeur

ORDRE DES COUPS

Comment se dessine ce Kanji

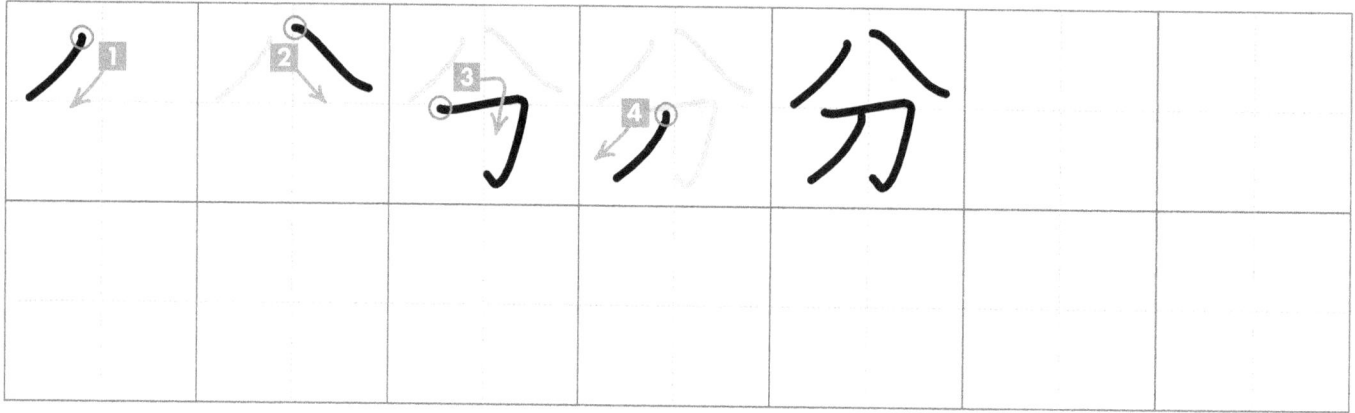

ENTRAINEMENT

Dessinez et entraînez-vous sur ce Kanji ci-dessous

MODES   分 分 分 分 分 分 分 分

KANJI #	RADICAL	COUPS	SIGNIFICATION	UNICODE
1479	亻	9	**derrière, arrière, plus tard**	**5F8C**

後

ONYOMI

ゴ、 コウ

go, kou

KUNYOMI

のち、 うし(ろ)、 あと

nochi, ushi(ro), ato

VOCABULAIRE

後ろ (うし)	**derrière ; en arrière**
後半 (こうはん)	**deuxième moitié**
後で (あと)	**après**
今後 (こんご)	**à partir de maintenant**
午後 (ごご)	**après-midi ; p.m.**
前後 (ぜんご)	**avant et arrière**

ORDRE DES COUPS

Comment se dessine ce Kanji

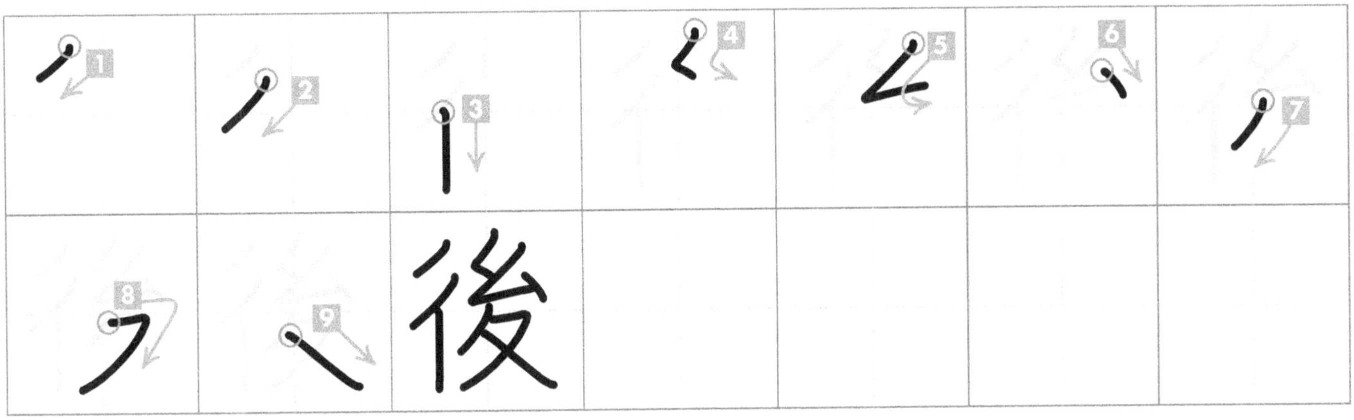

ENTRAINEMENT

Dessinez et entraînez-vous sur ce Kanji ci-dessous

MODES 後 後 後 後 後 後 後 後

0309   刀   9   **en tête, avant**   **524D**

前

ONYOMI

ゼン

zen

KUNYOMI

まえ

mae

VOCABULAIRE

前半 (ぜんはん)   **première moitié**   名前 (なまえ)   **nom ; nom complet**
前進 (ぜんしん)   **avancer ; conduire**   午前 (ごぜん)   **matin ; A.M.**
前日 (ぜんじつ)   **jour précédent**   出前 (でまえ)   **restauration ; livraison à domicile**

ORDRE DES COUPS

Comment se dessine ce Kanji

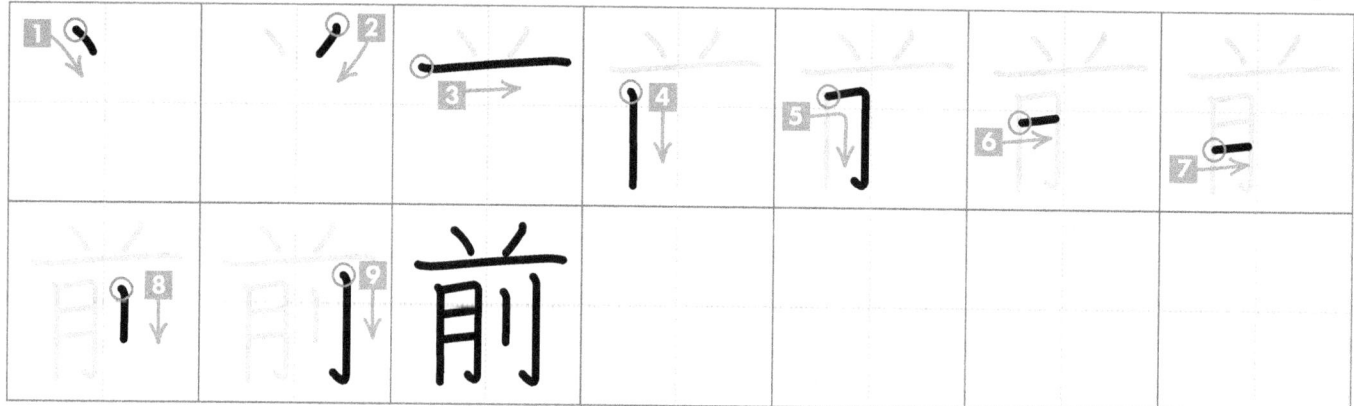

ENTRAINEMENT

Dessinez et entraînez-vous sur ce Kanji ci-dessous

MODES   前 前 前 前 前 前 前 前

KANJI #	RADICAL	COUPS	SIGNIFICATION	UNICODE
1675	生	5	vie, authentique, naissance	751F

ONYOMI

セイ、ショウ

sei, shou

KUNYOMI い(きる), う(む)、
お(う)、は(える)、なま

i(kiru), u(mu), o(u), ha(eru), nama

VOCABULAIRE

生徒 (せいと)	élève	学生 (がくせい)	élève
生きる (い)	vivre ; exister	先生 (せんせい))	professeur ; maître
生命 (せいめい)	vie ; existence	一生 (いっしょう)	vie entière

ORDRE DES COUPS

Comment se dessine ce Kanji

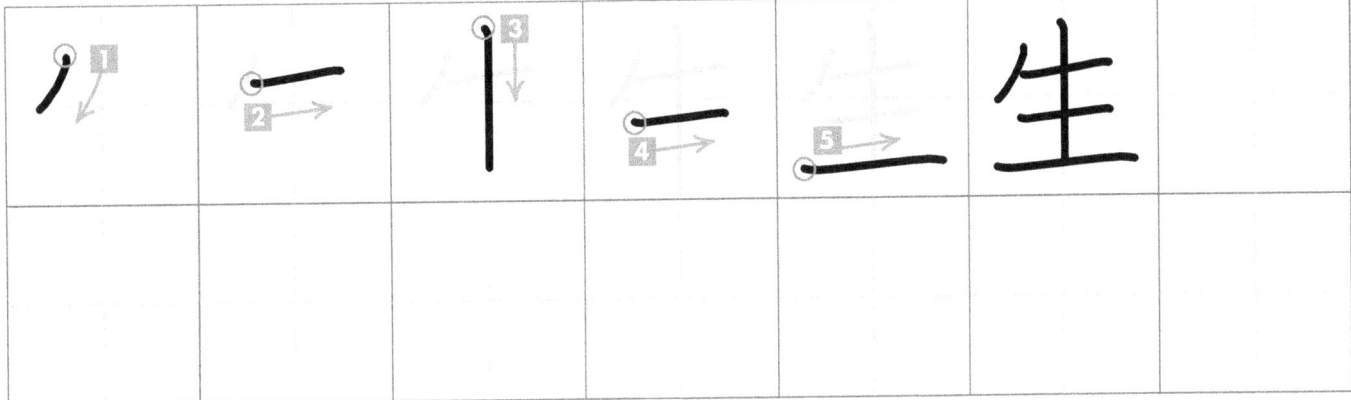

ENTRAINEMENT

Dessinez et entraînez-vous sur ce Kanji ci-dessous

MODES   生 生 生 生 生 生 生 生

KANJI #	RADICAL	COUPS	SIGNIFICATION		UNICODE
0005	二	4	**cinq, 5**		**4E94**

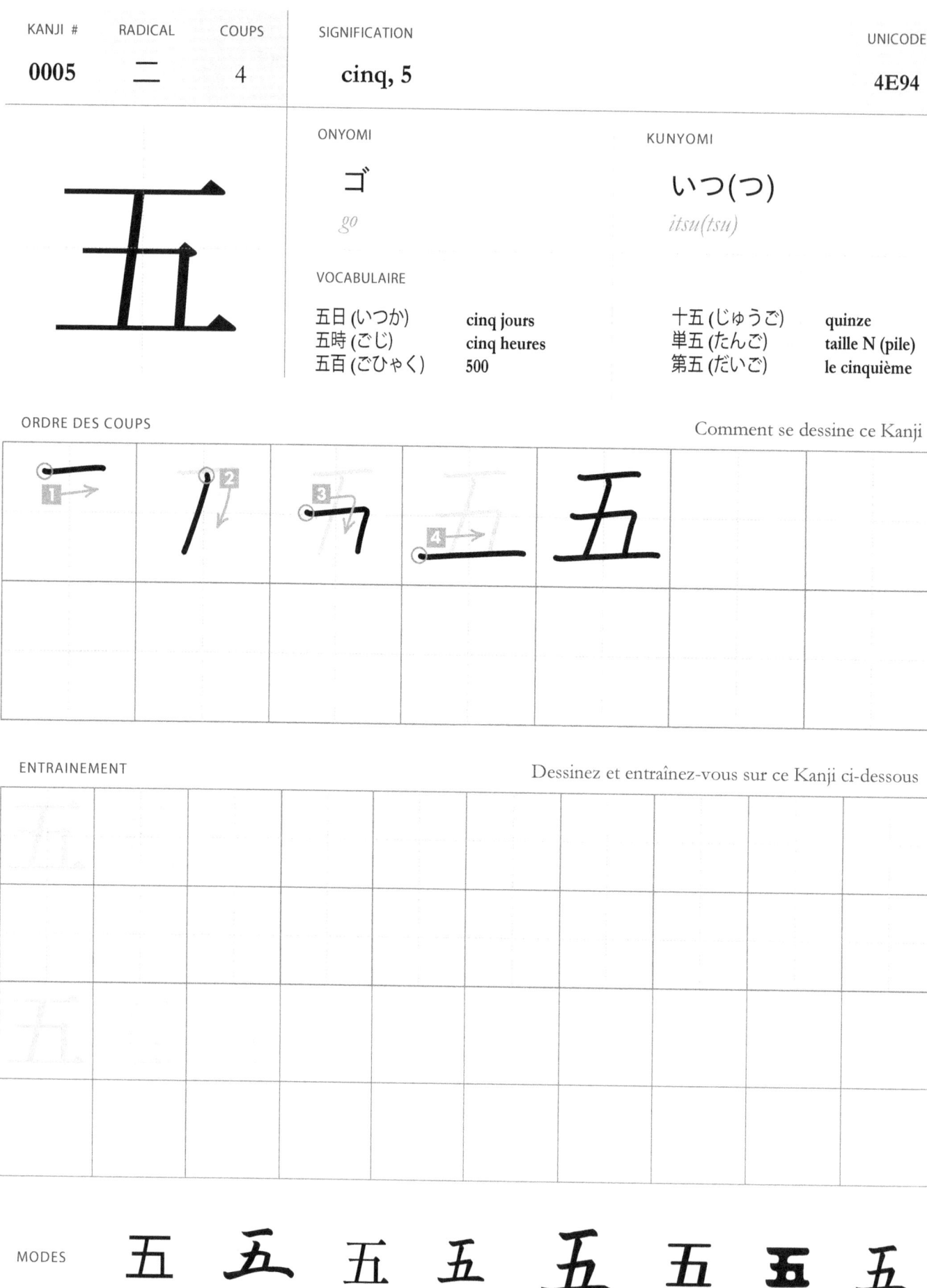

ONYOMI

ゴ

go

KUNYOMI

いつ(つ)

itsu(tsu)

VOCABULAIRE

五日 (いつか)　　cinq jours
五時 (ごじ)　　　cinq heures
五百 (ごひゃく)　500

十五 (じゅうご)　quinze
単五 (たんご)　　taille N (pile)
第五 (だいご)　　le cinquième

ORDRE DES COUPS

Comment se dessine ce Kanji

ENTRAINEMENT

Dessinez et entraînez-vous sur ce Kanji ci-dessous

MODES　　五　五　五　五　五　五　五　五

KANJI #	RADICAL	COUPS	SIGNIFICATION	UNICODE
1747	門	12	intervalle, espace	9593

ONYOMI

カン、ケン

kan, ken

KUNYOMI

あいだ、ま、あい

aida, ma, ai

VOCABULAIRE

間接 (かんせつ)　indirection
間隔 (かんかく)　espace, intervalle
間近 (まぢか)　proximité ; proximité

人間 (にんげん)　être humain
期間 (きかん)　période ; terme
世間 (せけん)　monde ; société

ORDRE DES COUPS

Comment se dessine ce Kanji

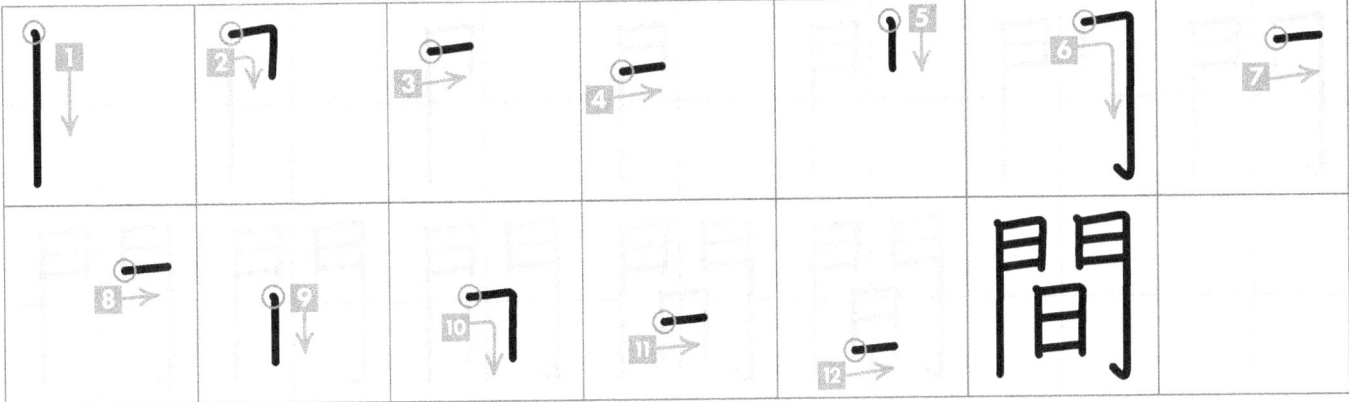

ENTRAINEMENT

Dessinez et entraînez-vous sur ce Kanji ci-dessous

MODES　間　間　間　間　間　間　間　間

KANJI #	RADICAL	COUPS	SIGNIFICATION		UNICODE
0050	一	3	**au-dessus, en haut**		**4E0A**

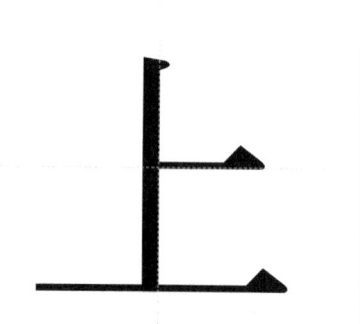

ONYOMI ジョウ、ショウ、シャン

jou, shou, shan

KUNYOMI うえ、うわ-
うえ、うわ-、かみ、あ(げる)、のぼ(る)、たてまつ(る)

ue, uwa, kami, a(geru), nobo(ru), tatematsu(ru)

VOCABULAIRE

上下 (じょうげ)	haut et bas	以上 (いじょう)	pas moins que
上り (のぼ)	ascension ; montée	屋上 (おくじょう)	toit
上る (のぼ)	monter ; s'élever	年上 (としうえ)	plus âgé ; senior

ORDRE DES COUPS

Comment se dessine ce Kanji

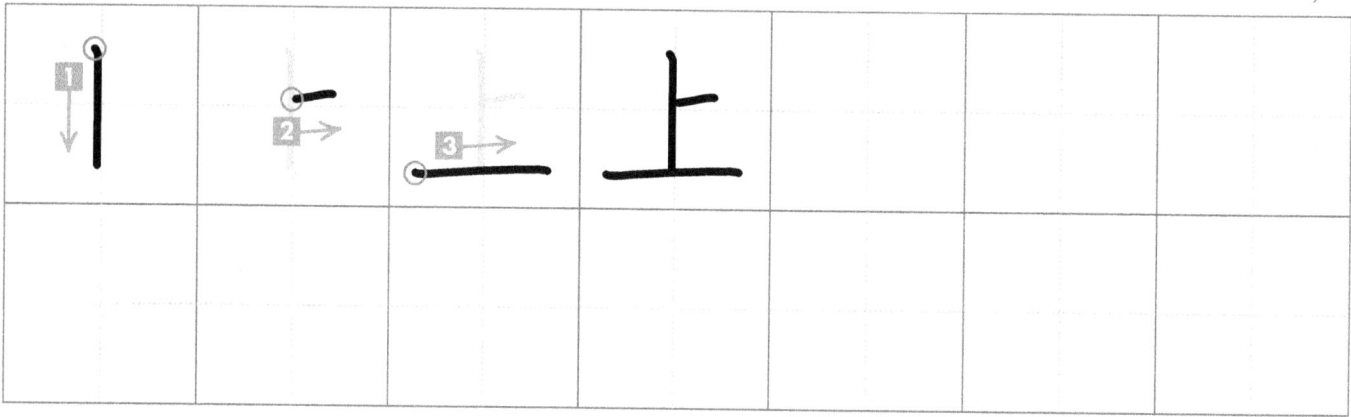

ENTRAINEMENT

Dessinez et entraînez-vous sur ce Kanji ci-dessous

MODES 　上　上　上　上　上　上　上　上

KANJI #	RADICAL	COUPS	SIGNIFICATION	UNICODE
0543	木	8	est	6771

ONYOMI

トウ
tou

KUNYOMI

ひがし
higashi

VOCABULAIRE

東西 (とうざい)	est et ouest	北東 (ほくとう)	nord-est
東洋 (とうよう)	Orient	南東 (なんとう)	sud-est
東北 (とうほく)	nord-est ; Tohoku	東京 (とうきょう)	Tokyo

ORDRE DES COUPS

Comment se dessine ce Kanji

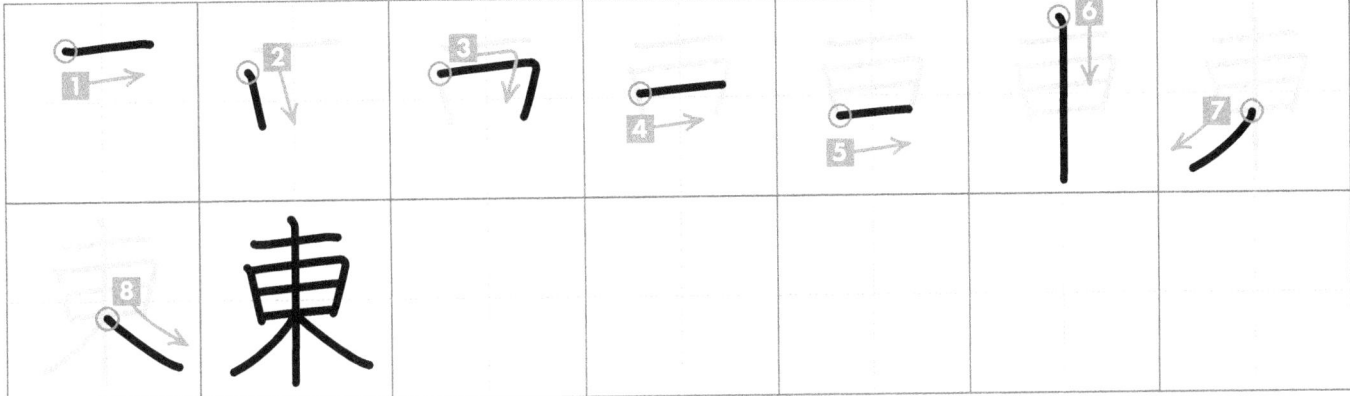

ENTRAINEMENT

Dessinez et entraînez-vous sur ce Kanji ci-dessous

MODES　東　東　東　東　東　東　東　東

KANJI #	RADICAL	COUPS	SIGNIFICATION	UNICODE
0004	口	5	**quatre, 4**	**56DB**

四

ONYOMI

シ

shi

KUNYOMI

よ(つ)、 よん

yo(tsu), yon

VOCABULAIRE

四季 (しき)	**quatre saisons**
四月 (しがつ)	**avril**
四十 (よんじゅう)	**quarante**
十四 (じゅうよん)	**quatorze**
真四角 (ましかく)	**carré**
長四角 (ながしかく)	**rectangle**

ORDRE DES COUPS

Comment se dessine ce Kanji

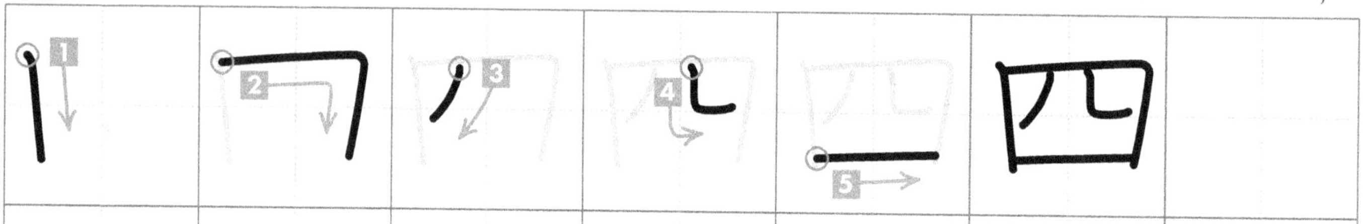

ENTRAINEMENT

Dessinez et entraînez-vous sur ce Kanji ci-dessous

MODES 四 四 四 四 四 四 四 四

今

ONYOMI

コン、キン

kon, kin

KUNYOMI

いま

ima

VOCABULAIRE

今日 (きょう)   aujourd'hui ; ce jour
今年 (ことし)   tcette année
今月 (こんげつ)   ce mois-ci

今度 (こんど)   ce moment
今朝 (けさ)   ce matin
今週 (こんしゅう)   cette semaine

ORDRE DES COUPS

Comment se dessine ce Kanji

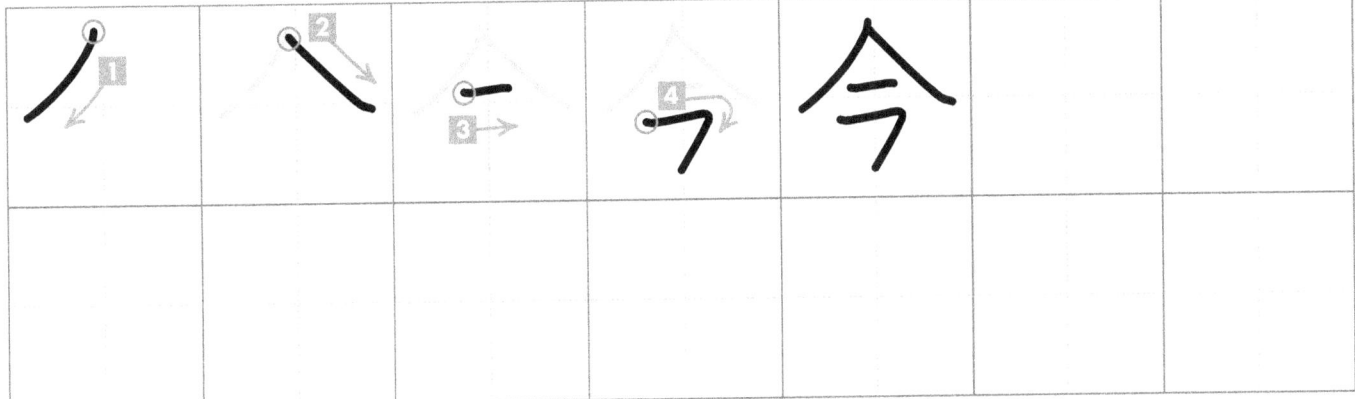

ENTRAINEMENT

Dessinez et entraînez-vous sur ce Kanji ci-dessous

MODES 

KANJI #	RADICAL	COUPS	SIGNIFICATION		UNICODE
0287	金	8	**or**		**91D1**

金

ONYOMI

キン、 コン、 ゴン

kin, kon, gon

KUNYOMI

かね、 かな-、 -がね

kane, kana, gane

VOCABULAIRE

金属 (きんぞく)　métal
金曜 (きんよう)　Vendredi
金銭 (きんせん)　argent ; liquide

料金 (りょうきん)　frais ; charge
借金 (しゃっきん)　dette ; prêt
資金 (しきん)　fonds ; capital

ORDRE DES COUPS

Comment se dessine ce Kanji

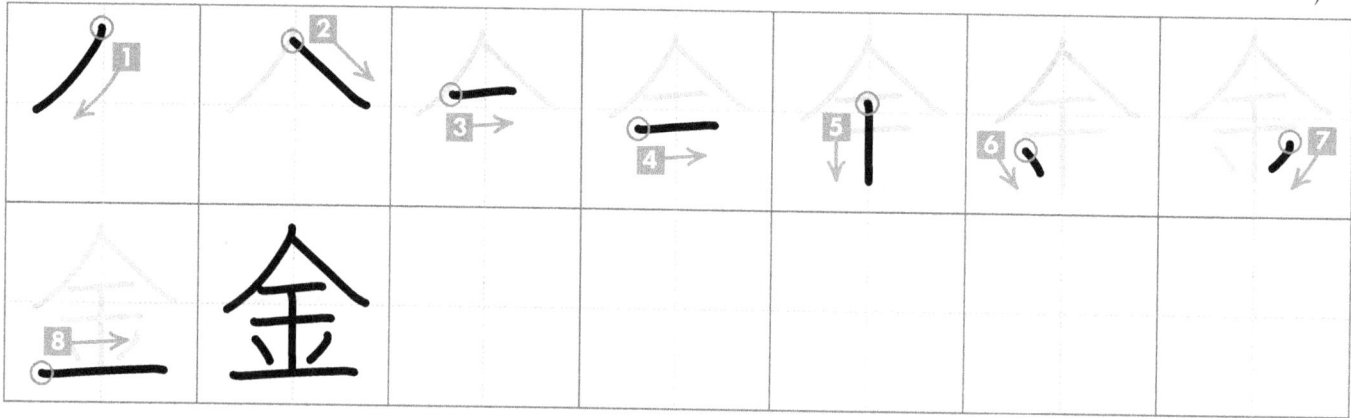

ENTRAINEMENT

Dessinez et entraînez-vous sur ce Kanji ci-dessous

MODES　　金　金　金　金　金　金　金　金

KANJI #	RADICAL	COUPS	SIGNIFICATION	UNICODE
0009	乁	2	**neuf, 9**	**4E5D**

九

ONYOMI

キュウ、ク

kyuu, ku

KUNYOMI

ここの(つ)

kokono(tsu)

VOCABULAIRE

九月 (くがつ)	Septembre	二九 (にく)	vingt-neuf
九時 (くじ)	neuf heures	八九分 (はっくぶ)	presque ; presque
九分 (くぶ)	neuf parties	十九 (じゅうきゅう)	dix-neuf

ORDRE DES COUPS

Comment se dessine ce Kanji

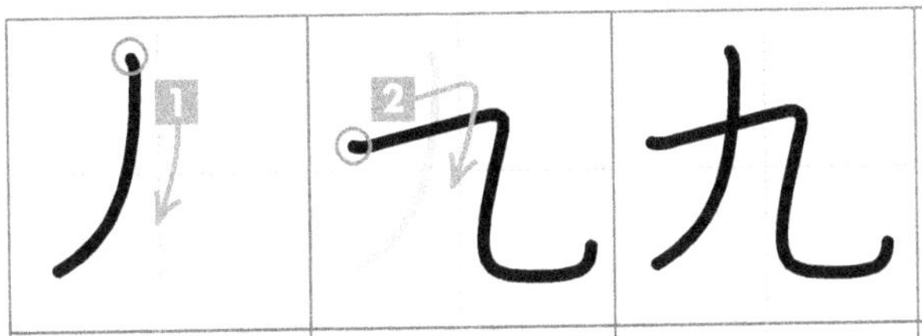

ノ 九 九

ENTRAINEMENT

Dessinez et entraînez-vous sur ce Kanji ci-dessous

MODES   九 九 九 九 九 九 九 九

153

KANJI #	RADICAL	COUPS	SIGNIFICATION		UNICODE
0842	入	2	**entrer ; insérer**		**5165**

入

ONYOMI

ニュウ

nyuu

KUNYOMI

い(る)、はい(る)

i(ru), hai(ru)

VOCABULAIRE

入る (はい)　　　　entrer ; entrer dans
入場 (にゅうじょう)　entrée ; admission
入力 (にゅうりょく)　entrée ; entrée
　　　　　　　　　　(de données)

収入 (しゅうにゅう)　revenu ; recettes
購入 (こうにゅう)　　acheter ; acheter
加入 (かにゅう)　　　devenir membre

ORDRE DES COUPS

Comment se dessine ce Kanji

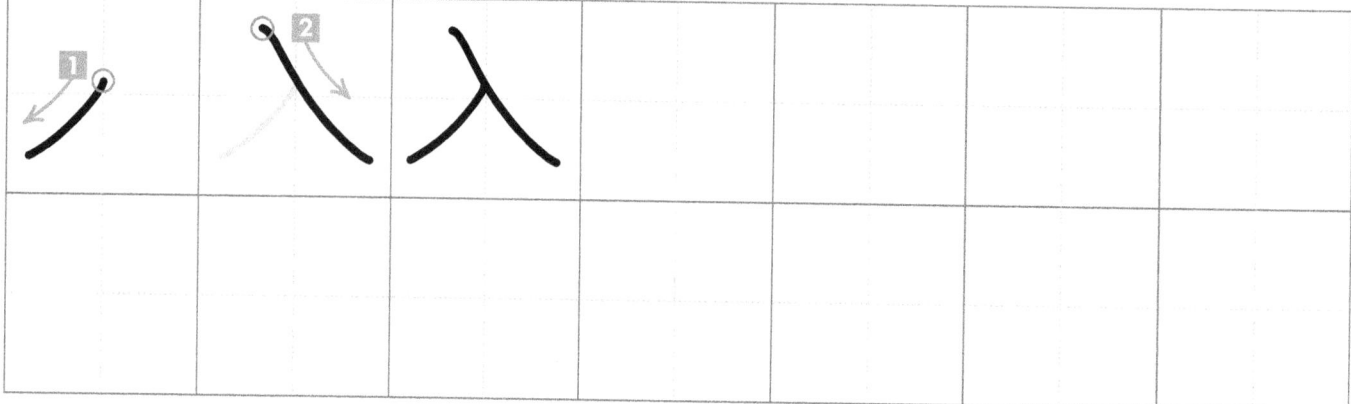

ENTRAINEMENT

Dessinez et entraînez-vous sur ce Kanji ci-dessous

MODES

KANJI #	RADICAL	COUPS	SIGNIFICATION	UNICODE
0346	子	8	**étude, apprentissage, science**	**5B66**

学

ONYOMI

ガク

gaku

KUNYOMI

まな(ぶ)

mana(bu)

VOCABULAIRE

学校 (がっこう)	école	中学 (ちゅうがく)	école intermédiaire
学生 (がくせい)	étudiant	科学 (かがく)	science
学習 (がくしゅう)	étude ; apprentissage	文学 (ぶんがく)	littérature

ORDRE DES COUPS

Comment se dessine ce Kanji

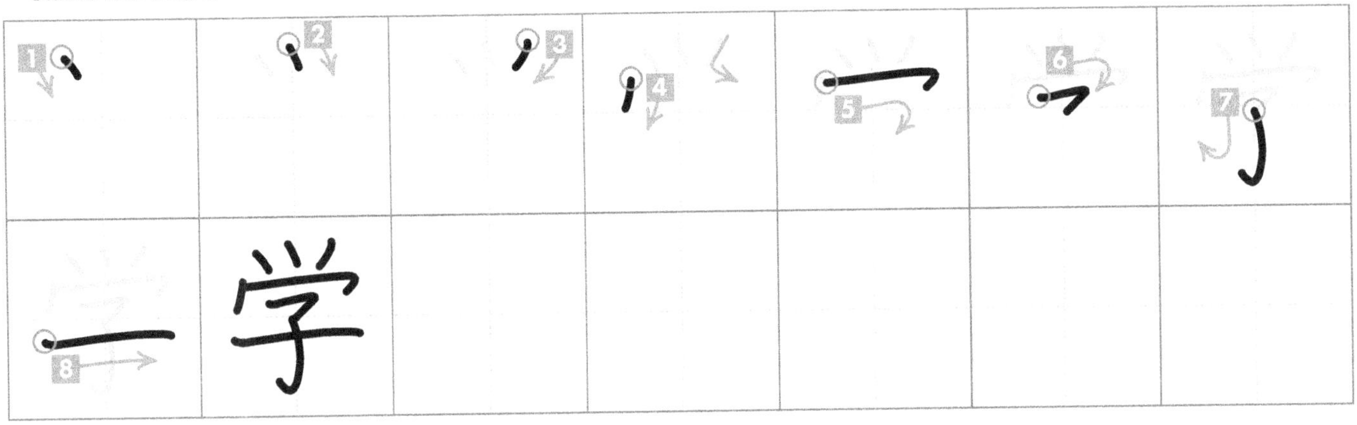

ENTRAINEMENT

Dessinez et entraînez-vous sur ce Kanji ci-dessous

MODES 学 学 学 学 学 学 学 学

0329   高   10   **haut, élevé, cher**   **9AD8**

ONYOMI

コウ

kou

KUNYOMI

たか(い)

taka(i)

VOCABULAIRE

高い (たか)   haut ; élevé
高度 (こうど)   altitude ; hauteur
高速 (こうそく)   haute vitesse ; vitesse élevée

最高 (さいこう)   le plus haut ; le meilleur
標高 (ひょうこう)   élévation
小高い (こだか)   légèrement surélevé

ORDRE DES COUPS

Comment se dessine ce Kanji

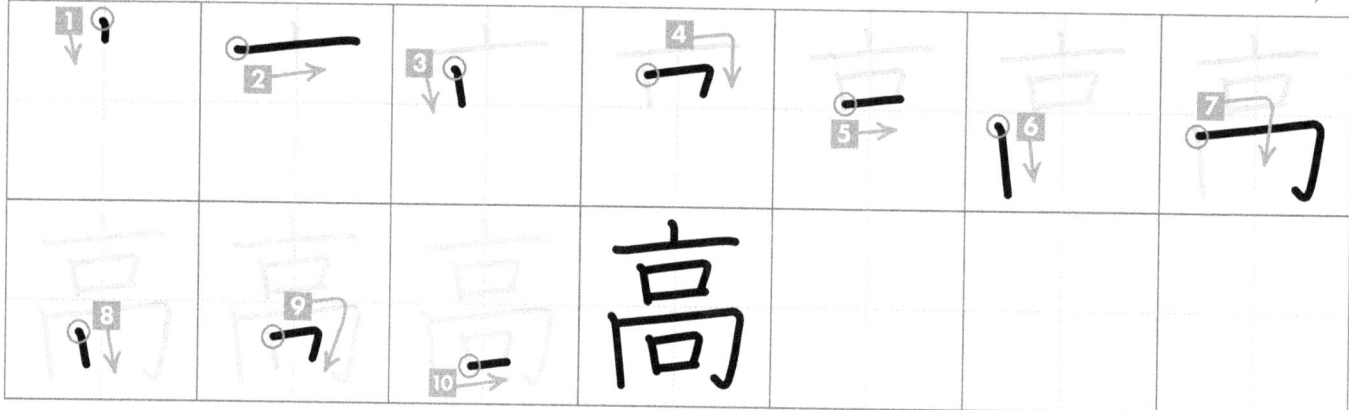

ENTRAINEMENT

Dessinez et entraînez-vous sur ce Kanji ci-dessous

MODES   高 高 高 高 高 高 高 高

KANJI #	RADICAL	COUPS	SIGNIFICATION	UNICODE
1952	冂	4	**cercle, yen (unité monétaire japonaise), rond**	**5186**

円

ONYOMI

エン

en

KUNYOMI

まる(い)

maru(i)

VOCABULAIRE

円い (まる)	**rond ; circulaire**	楕円 (だえん)	**ellipse**
円滑 (えんかつ)	**slisse ; non perturbé**	半円 (はんえん)	**demi-cercle**
円盤 (えんばん)	**disque, disque, plateau**	大円 (だいえん)	**grand cercle**

ORDRE DES COUPS

Comment se dessine ce Kanji

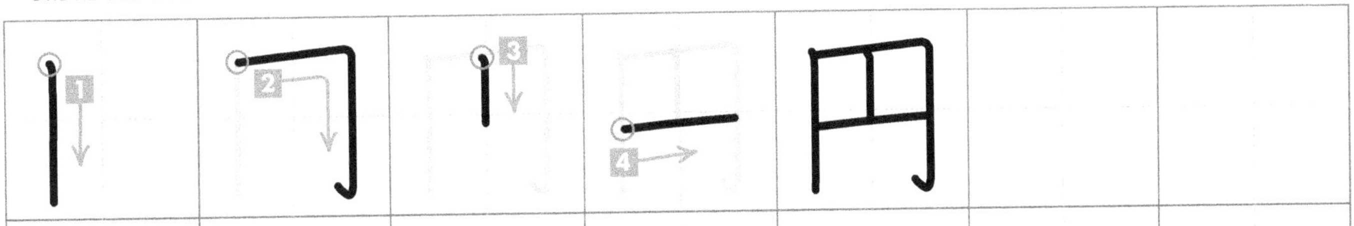

ENTRAINEMENT

Dessinez et entraînez-vous sur ce Kanji ci-dessous

MODES

円 円 円 円 円 円 円 円

KANJI #	RADICAL	COUPS	SIGNIFICATION	UNICODE
0099	子	3	**enfant**	**5B50**

子

ONYOMI

シ、ス、ツ

shi, su, tsu

KUNYOMI

こ、-こ(ね)

ko, ne

VOCABULAIRE

子孫 (しそん) descendants
子女 (しじょ) fils et filles
子分 (こぶん) sbire ; suiveur

男子 (だんし) jeune ; jeune homme
電子 (でんし) électron
女子 (じょし) femme ; fille

ORDRE DES COUPS   Comment se dessine ce Kanji

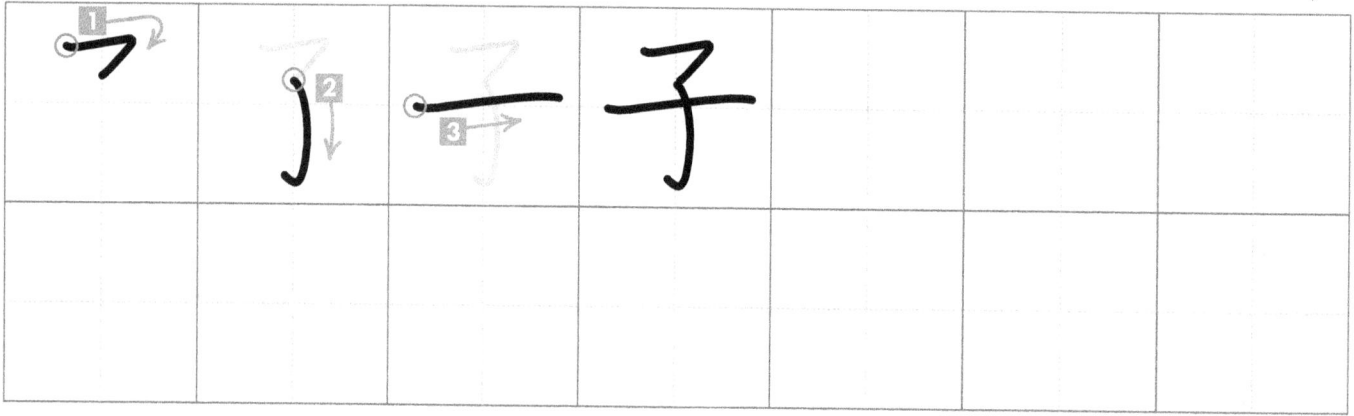

ENTRAINEMENT   Dessinez et entraînez-vous sur ce Kanji ci-dessous

MODES   子 子 子 子 子 子 子 子

KANJI #	RADICAL	COUPS	SIGNIFICATION	UNICODE
0116	夕	5	en dehors de	5916

ONYOMI

ガイ、ゲ

gai, ge

KUNYOMI

そと、 ほか、
はず(す)、 と-

soto, hoka, hazu-, to-

VOCABULAIRE

外国 (がいこく)	pays étranger	海外 (かいがい)	étranger ; à l'étranger
外部 (がいぶ)	l'extérieur	意外 (いがい)	inattendu
外科 (げか)	chirurgie	郊外 (こうがい)	banlieue ; périphérie

ORDRE DES COUPS

Comment se dessine ce Kanji

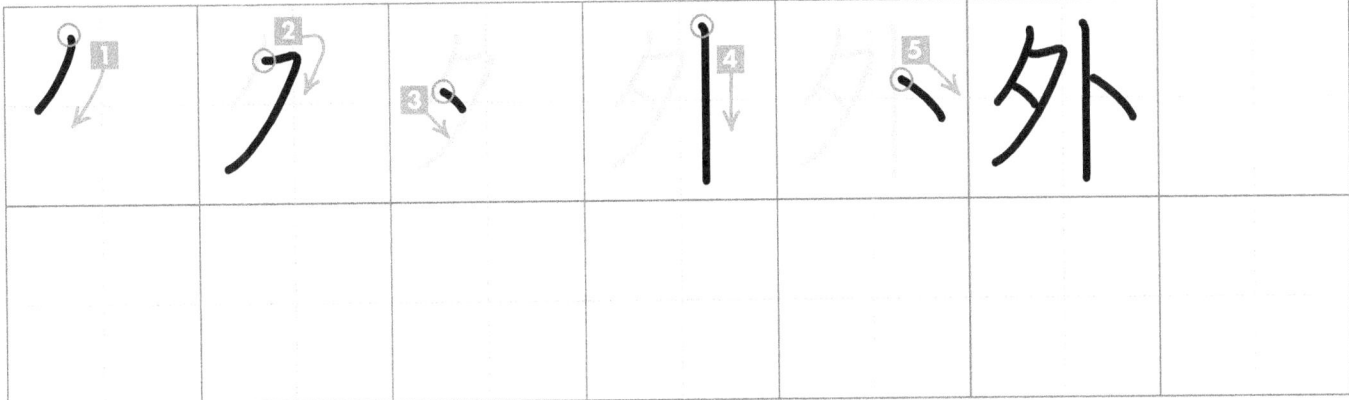

ENTRAINEMENT

Dessinez et entraînez-vous sur ce Kanji ci-dessous

MODES   外 外 外 外 外 外 外 外

KANJI #	RADICAL	COUPS	SIGNIFICATION	UNICODE
0008	八	2	**huit, 8**	**516B**

八

ONYOMI

ハチ

hachi

KUNYOMI

や(つ)、 よう

ya(tsu), you

VOCABULAIRE

八十 (はちじゅう)   quatre-vingts
八月 (はちがつ)   Août
八時 (はちじ)   huit heures

十八 (じゅうはち)   dix-huit
二八 (にはち)   seize
百八 (ひゃくはち)   108

ORDRE DES COUPS

Comment se dessine ce Kanji

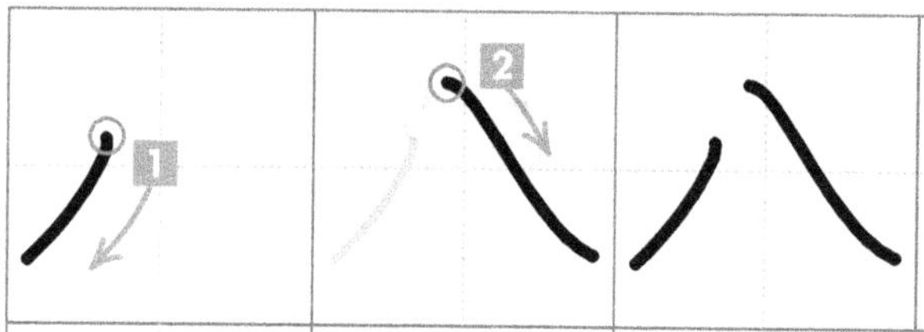

ENTRAINEMENT

Dessinez et entraînez-vous sur ce Kanji ci-dessous

MODES

八 八 八 八 八 八 八 八

六

ONYOMI

ロク

roku

KUNYOMI

む(つ)、 むい

mu(tsu), mui

VOCABULAIRE

六月 (ろくがつ)　juin
六十 (ろくじゅう)　soixante
六角 (ろっかく)　hexagone

才六 (さいろく)　enfant ; sale gosse
6歳 (ろくさい)　6 ans
甚六 (じんろく)　Cancre

ORDRE DES COUPS

Comment se dessine ce Kanji

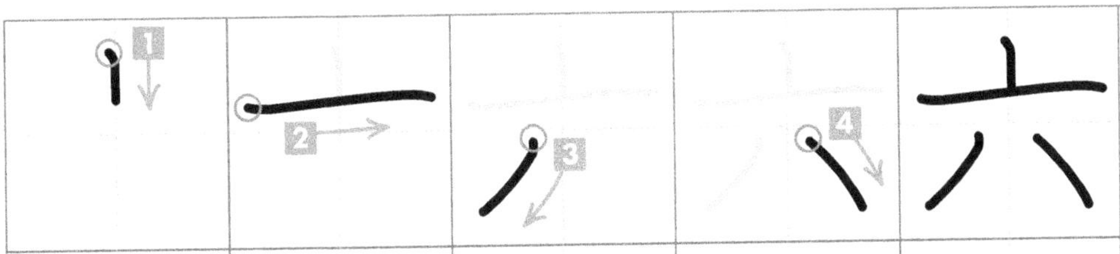

ENTRAINEMENT

Dessinez et entraînez-vous sur ce Kanji ci-dessous

MODES　六　六　六　六　六　六　六　六

KANJI #	RADICAL	COUPS	SIGNIFICATION	UNICODE
0051	口	3	en dessous, en bas, descendre, donner, bas, inférieur	4E0B

ONYOMI

カ、ゲ

ka, ge

KUNYOMI した、 しも、 もと、 さ(げる)、 くだ(る)、 お(ろす)

shita, shimo, moto, sa(geru), kuda(ru), o(rosu)

VOCABULAIRE

下手 (へた)	malhabile	地下 (ちか)	sous-sol
下着 (したぎ)	sous-vêtements	靴下 (くつした)	chaussettes
下る (くだ)	descendre	低下 (ていか)	tomber ; décliner

ORDRE DES COUPS

Comment se dessine ce Kanji

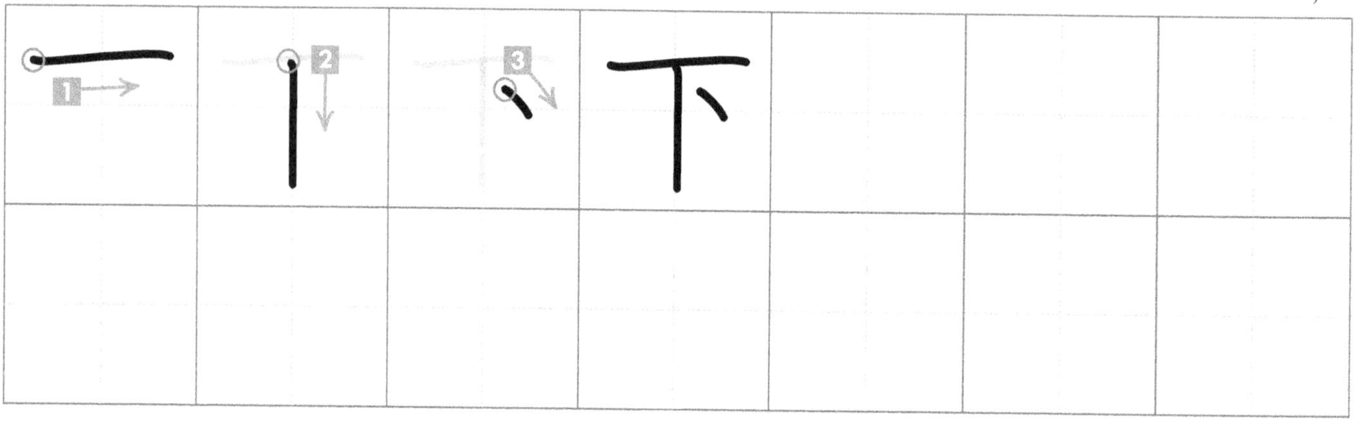

ENTRAINEMENT

Dessinez et entraînez-vous sur ce Kanji ci-dessous

MODES 下 下 下 下 下 下 下 下 下

KANJI #	RADICAL	COUPS	SIGNIFICATION	UNICODE
2029	木	7	**venir, devoir, prochain, causer, devenir**	6765

ONYOMI

ライ、タイ

rai, tai

KUNYOMI

く.る、 きた.る、
き、 こ

kuru, kitaru, ki, ko

VOCABULAIRE

来年 (らいねん)　　l'année prochaine
来月 (らいげつ)　　mois prochain
来週 (らいしゅう)　　semaine prochaine

本来 (ほんらい)　　à l'origine
以来 (いらい)　　depuis
外来 (がいらい)　　étranger

ORDRE DES COUPS

Comment se dessine ce Kanji

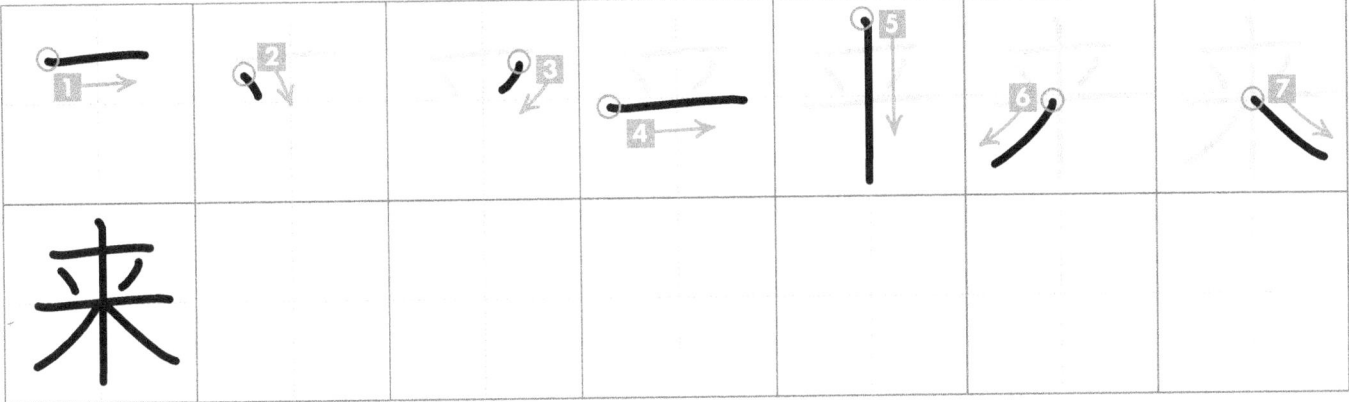

ENTRAINEMENT

Dessinez et entraînez-vous sur ce Kanji ci-dessous

MODES 来 来 来 来 来 来 来 来

KANJI #	RADICAL	COUPS	SIGNIFICATION	UNICODE
2030	气	6	**esprit, mental, air, atmosphère, humeur**	**6C17**

ONYOMI

キ、ケ
ki, ke

KUNYOMI

いき
iki

VOCABULAIRE

気分 (きぶん)   sentiment ; humeur
気象 (きしょう)   temps ; climat
気圧 (きあつ)   pression atmosphérique

電気 (でんき)   électricité
病気 (びょうき)   maladie
元気 (げんき)   vivant

ORDRE DES COUPS   Comment se dessine ce Kanji

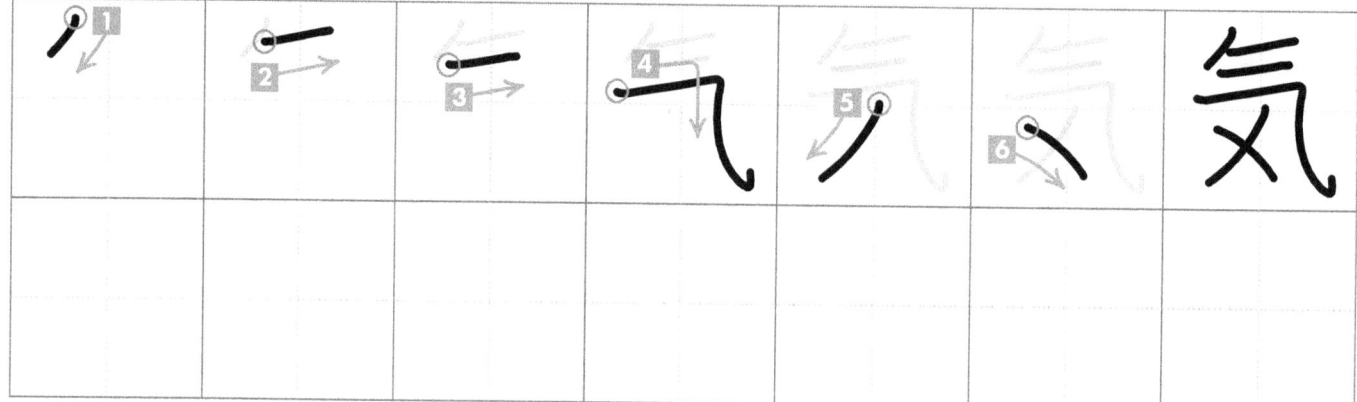

ENTRAINEMENT   Dessinez et entraînez-vous sur ce Kanji ci-dessous

MODES   気 気 気 気 気 気 気 気

KANJI #	RADICAL	COUPS	SIGNIFICATION	UNICODE
0110	小	3	**petit, petite**	**5C0F**

小

ONYOMI

ショウ

shou

KUNYOMI

ちい(さい)、
こ-、お-、さ-

chii(sai), ko-, o-, sa-

VOCABULAIRE

小供 (こども)　　enfant ; enfants
小説 (しょうせつ)　roman
小女 (しょうじょ)　petite fille

大小 (だいしょう)　grand et petit
縮小 (しゅくしょう) réduction
最小 (さいしょう)　le plus petit

ORDRE DES COUPS

Comment se dessine ce Kanji

ENTRAINEMENT

Dessinez et entraînez-vous sur ce Kanji ci-dessous

MODES　　小　小　小　小　小　小　小　小

KANJI #	RADICAL	COUPS	SIGNIFICATION	UNICODE
0007	一	2	**sept, 7**	**4E03**

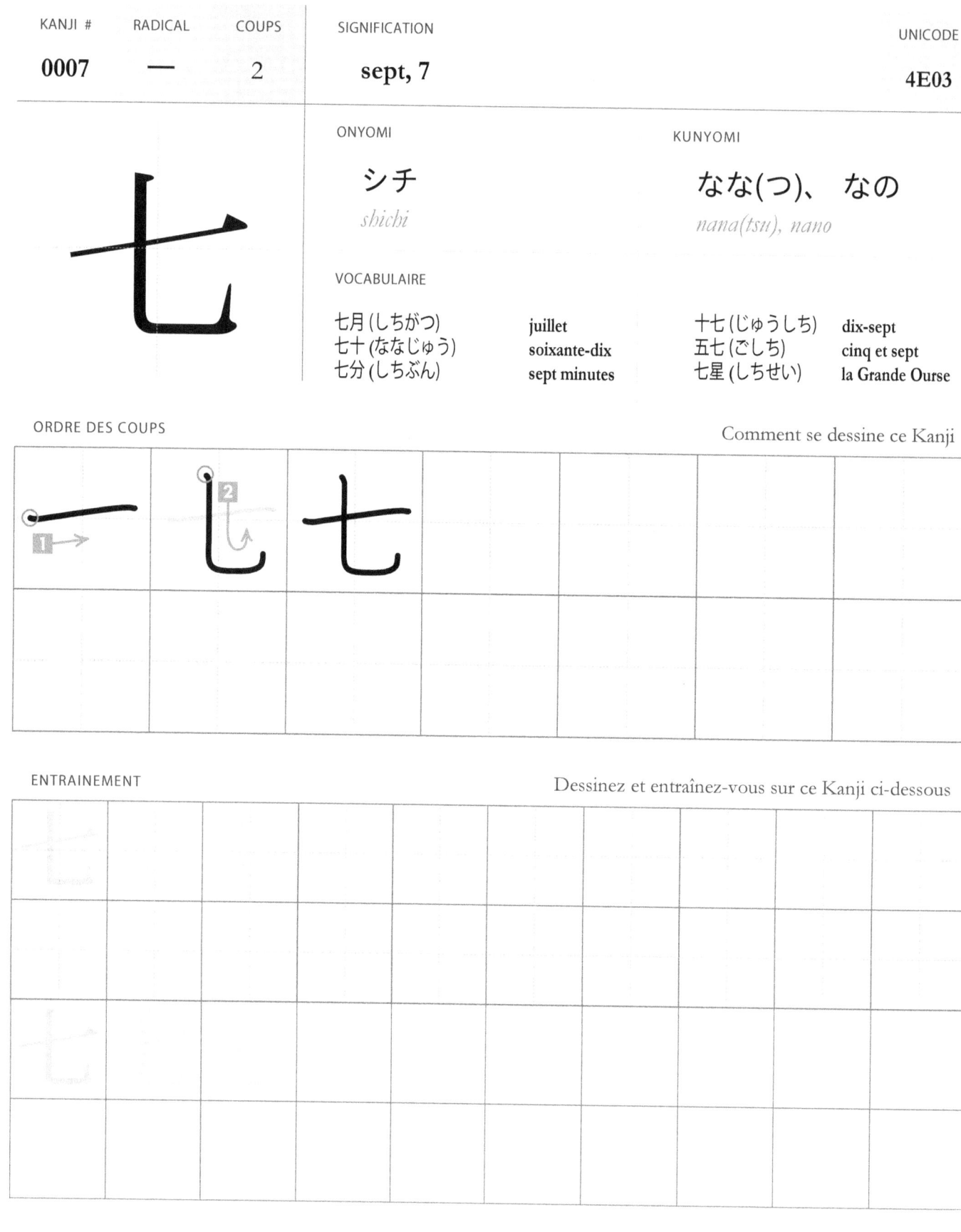

ONYOMI

シチ
shichi

KUNYOMI

なな(つ)、 なの
nana(tsu), nano

VOCABULAIRE

七月 (しちがつ) — juillet
七十 (ななじゅう) — soixante-dix
七分 (しちぶん) — sept minutes

十七 (じゅうしち) — dix-sept
五七 (ごしち) — cinq et sept
七星 (しちせい) — la Grande Ourse

ORDRE DES COUPS

Comment se dessine ce Kanji

ENTRAINEMENT

Dessinez et entraînez-vous sur ce Kanji ci-dessous

MODES   七 七 七 七 七 七 七 七

KANJI #	RADICAL	COUPS	SIGNIFICATION	UNICODE
0830	山	3	**montagne**	5C71

ONYOMI

サン、セン

san, sen

KUNYOMI

やま

yama

VOCABULAIRE

山間 (さんかん) parmi les montagnes
山脈 (さんみゃく) chaîne de montagnes
山岳 (さんがく) montagnes

火山 (かざん) volcan
登山 (とざん) escalade de montagne
本山 (ほんざん) temple de la tête

ORDRE DES COUPS

Comment se dessine ce Kanji

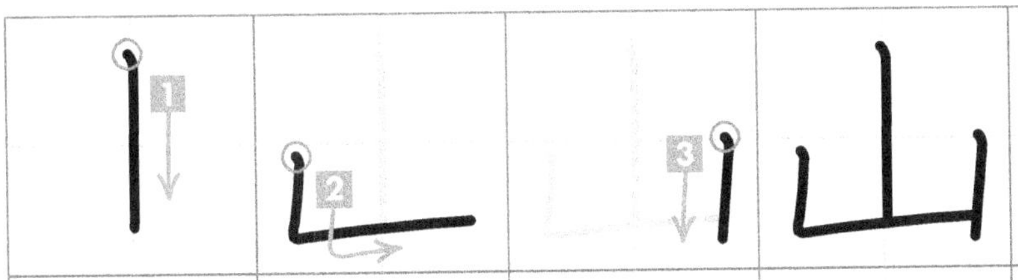

ENTRAINEMENT

Dessinez et entraînez-vous sur ce Kanji ci-dessous

MODES 山 山 山 山 山 山 山 山

KANJI #	RADICAL	COUPS	SIGNIFICATION	UNICODE
0368	言	13	conte, parler	8A71

話

ONYOMI

ワ
wa

KUNYOMI

はな(す)、 はなし
hana(su), hanashi

VOCABULAIRE

話題 (わだい) sujet, thème
話中 (はなしちゅう) occupé (téléphone)
話々 (はなしばなし) petite conversation

会話 (かいわ) conversation
世話 (せわ) s'occuper de
神話 (しんわ) mythe ; légende

ORDRE DES COUPS

Comment se dessine ce Kanji

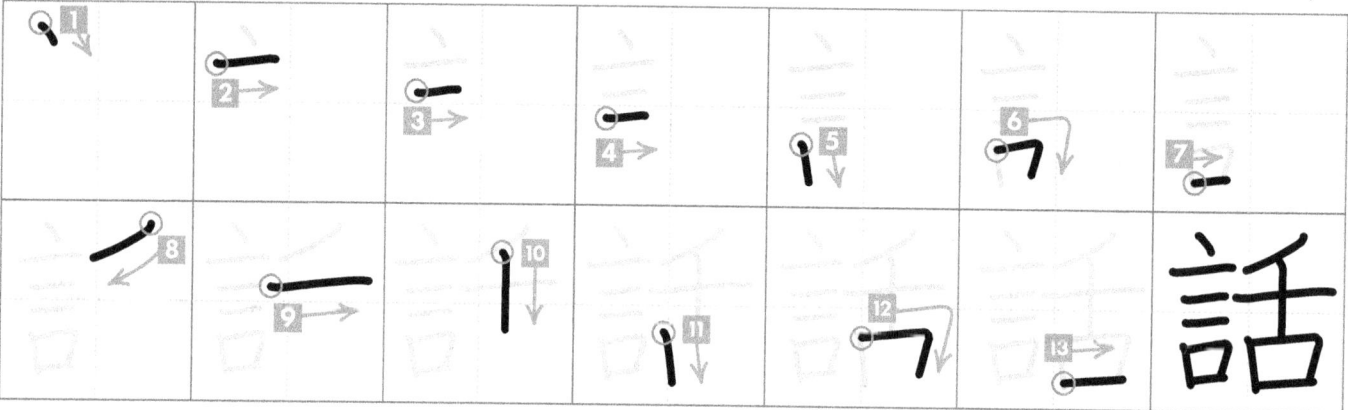

ENTRAINEMENT

Dessinez et entraînez-vous sur ce Kanji ci-dessous

MODES

0102 女 3 **femme, femelle** **5973**

女

ONYOMI

ジョ

jo

KUNYOMI

おんな、め

onnna, me

VOCABULAIRE

女神 (めがみ) femme, femelle
女子 (じょし) femme ; fille
女優 (じょゆう) actrice

彼女 (かのじょ) elle
男女 (だんじょ) hommes et femmes
王女 (おうじょ) princesse

ORDRE DES COUPS
Comment se dessine ce Kanji

ENTRAINEMENT
Dessinez et entraînez-vous sur ce Kanji ci-dessous

MODES 女 女 女 女 女 女 女 女

KANJI #	RADICAL	COUPS	SIGNIFICATION	UNICODE
0480	匕	5	**nord**	**5317**

ONYOMI

ホク
hoku

KUNYOMI

きた
kita

VOCABULAIRE

北東 (ほくとう)	nord-est		敗北 (はいぼく)	défaite
北西 (ほくせい)	nord-ouest		台北 (タイペイ)	Taipei
北極 (ほっきょく)	Pôle Nord		以北 (いほく)	nord de

ORDRE DES COUPS

Comment se dessine ce Kanji

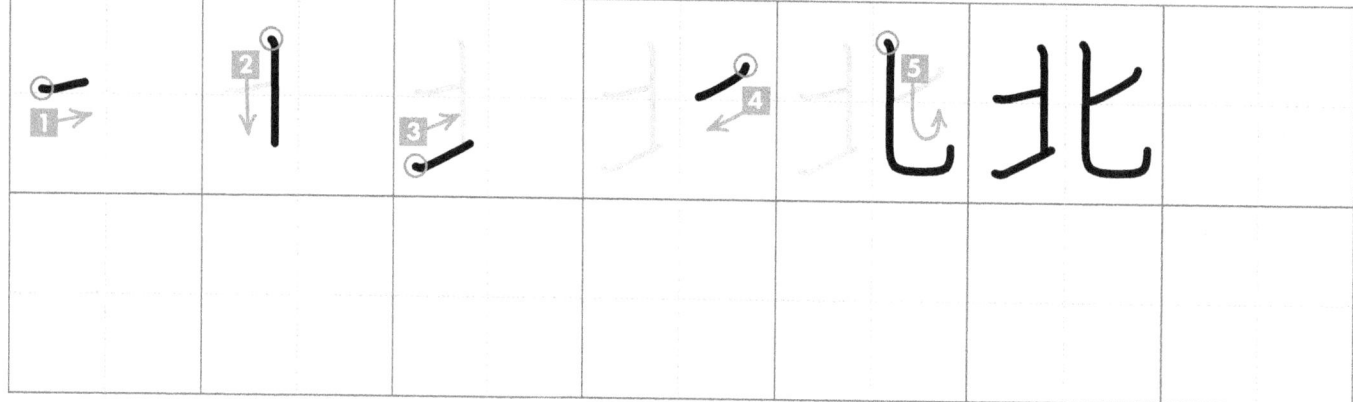

ENTRAINEMENT

Dessinez et entraînez-vous sur ce Kanji ci-dessous

MODES 北 北 北 北 北 北 北 北

午

ONYOMI

ゴ

go

KUNYOMI

うま

uma

VOCABULAIRE

午後 (ごご)   après-midi
午前 (ごぜん)   matin
午飯 (ごはん)   déjeuner

亭午 (ていご)   midi
子午環 (しごかん)   cercle méridien
午睡 (ごすい)   sieste

ORDRE DES COUPS

Comment se dessine ce Kanji

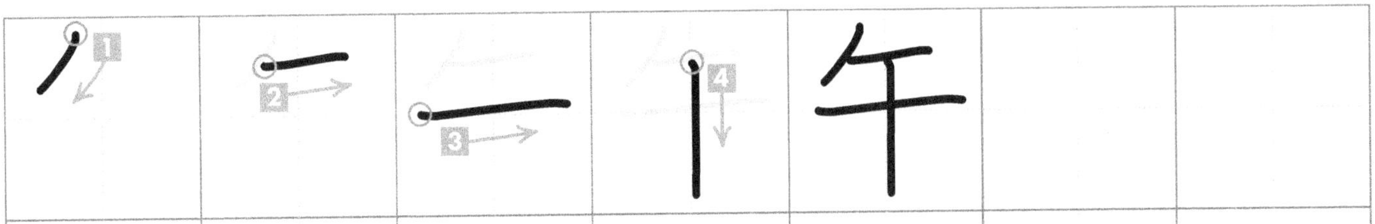

ENTRAINEMENT

Dessinez et entraînez-vous sur ce Kanji ci-dessous

MODES   午 午 午 午 午 午 午 午

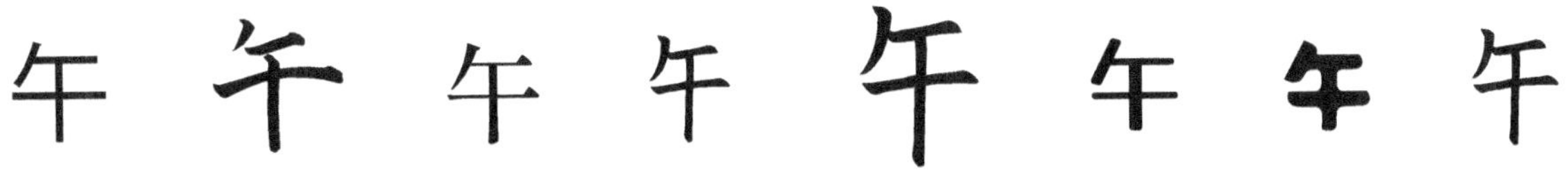

0038 白 6 **cent** **767E**

ONYOMI

ヒャク、ビャク

hyaku, byaku

KUNYOMI

もも

momo

VOCABULAIRE

百万 (ひゃくまん)   un million
百姓 (ひゃくしょう)   agriculteur ; paysan
百年 (ひゃくねん)   siècle

何百 (なんびゃく)   des centaines
二百 (にひゃく)   deux cents
四百 (よんひゃく)   quatre cents

ORDRE DES COUPS

Comment se dessine ce Kanji

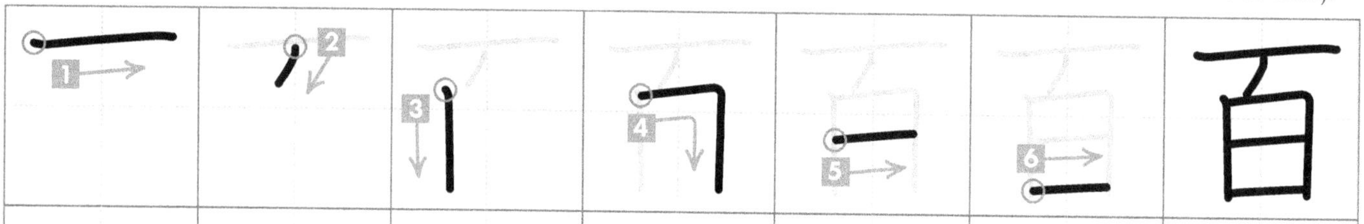

ENTRAINEMENT

Dessinez et entraînez-vous sur ce Kanji ci-dessous

MODES   百 百 百 百 百 百 百 百

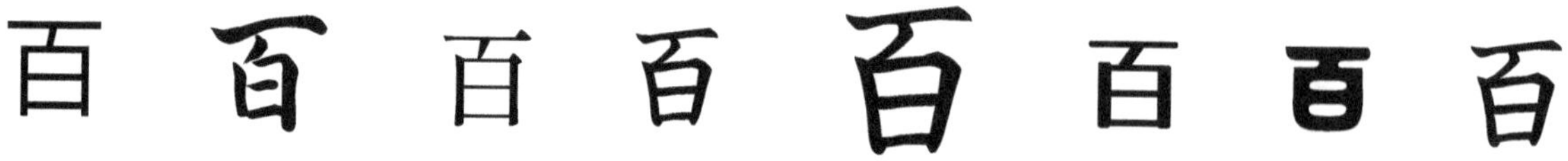

KANJI #	RADICAL	COUPS	SIGNIFICATION	UNICODE
0349	曰	10	écrire	66F8

ONYOMI

ショ
sho

KUNYOMI

か(く)
kaku

VOCABULAIRE

書類 (しょるい)　documents
書店 (しょてん)　librairie ; bookstore
書物 (しょもつ)　livres

読書 (どくしょ)　lecture
辞書 (じしょ)　dictionnaire
白書 (はくしょ)　papier blanc

ORDRE DES COUPS

Comment se dessine ce Kanji

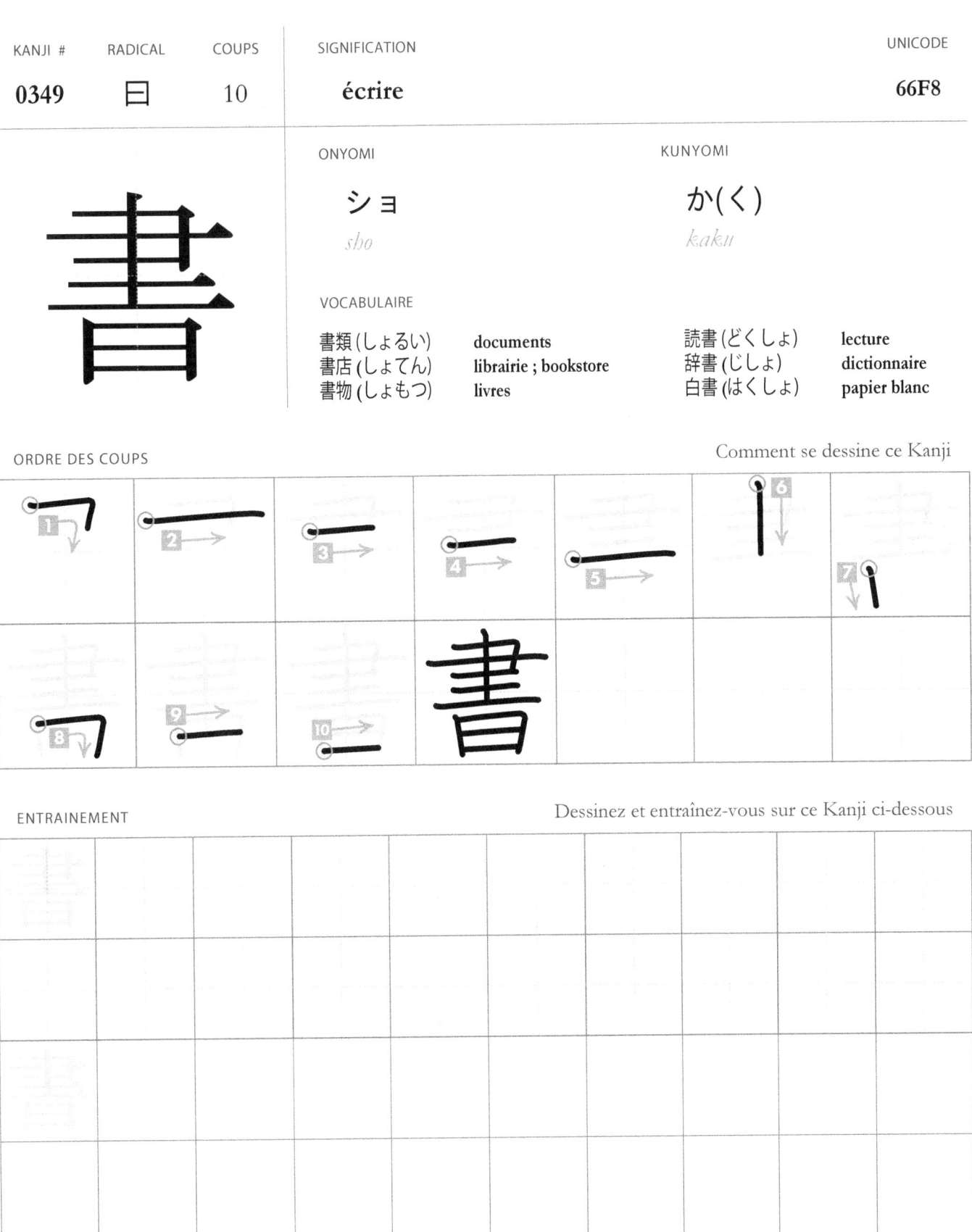

ENTRAINEMENT

Dessinez et entraînez-vous sur ce Kanji ci-dessous

MODES　書　書　書　書　書　書　書　書

KANJI #	RADICAL	COUPS	SIGNIFICATION	UNICODE
0263	儿	6	**avant, devant, précédent, futur, préséance**	5148

先

ONYOMI

セン

sen

KUNYOMI

さき、ま(ず)

saki, ma(zu)

VOCABULAIRE

先生 (せんせい)　professeur ; maître
先月 (せんげつ)　Mois dernier
先祖 (せんぞ)　ancêtre

出先 (でさき)　destination d'une personne
目先 (めさき)　futur proche

ORDRE DES COUPS

Comment se dessine ce Kanji

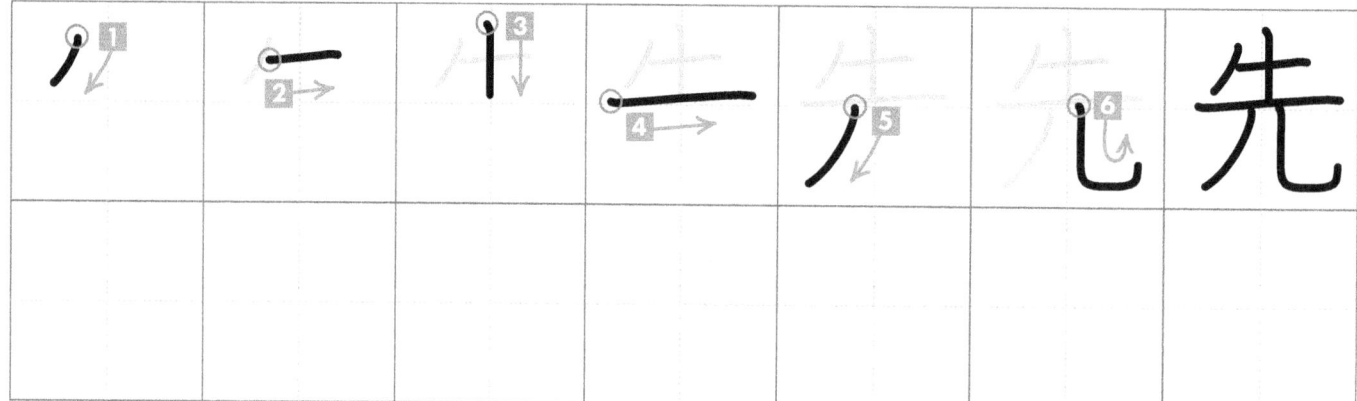

ENTRAINEMENT

Dessinez et entraînez-vous sur ce Kanji ci-dessous

MODES　先　先　先　先　先　先　先　先

0117   口   6   **nom, noté, distingué, réputation**   **540D**

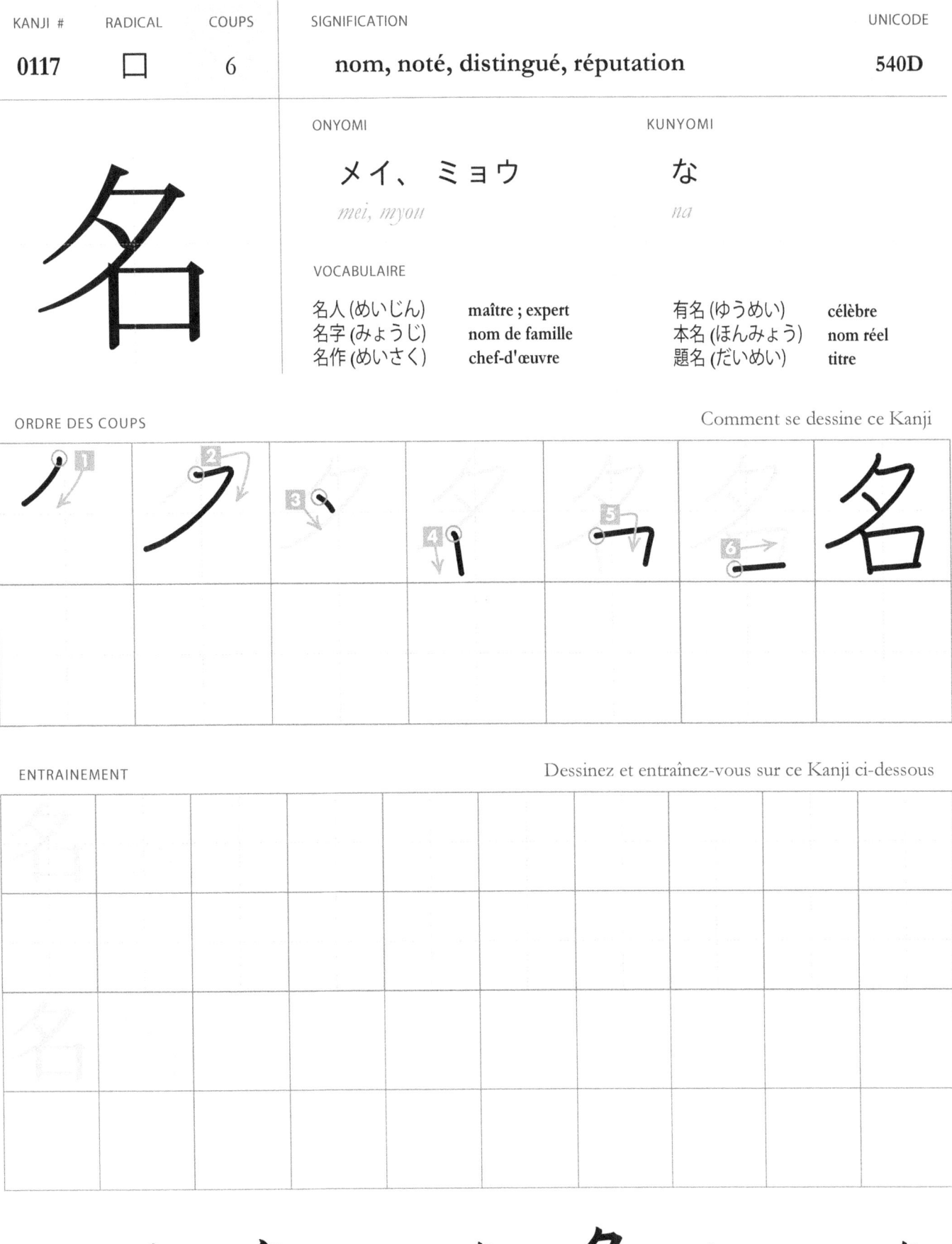

名

ONYOMI

メイ、ミョウ

mei, myou

KUNYOMI

な

na

VOCABULAIRE

名人 (めいじん)	maître ; expert	有名 (ゆうめい)	célèbre
名字 (みょうじ)	nom de famille	本名 (ほんみょう)	nom réel
名作 (めいさく)	chef-d'œuvre	題名 (だいめい)	titre

ORDRE DES COUPS   Comment se dessine ce Kanji

ENTRAINEMENT   Dessinez et entraînez-vous sur ce Kanji ci-dessous

MODES   名 名 名 名 名 名 名 名

KANJI #	RADICAL	COUPS	SIGNIFICATION	UNICODE
0134	巛	3	**rivière, ruisseau**	**5DDD**

川

ONYOMI

セン

sen

KUNYOMI

かわ

kawa

VOCABULAIRE

川口 (かわぐち) — embouchure de la rivière
川端 (かわばた) — rive du fleuve
川下 (かわしも) — en aval

河川 (かせん) — rivières
谷川 (たにがわ) — rivière de montagne
大川 (おおかわ) — grande rivière

ORDRE DES COUPS

Comment se dessine ce Kanji

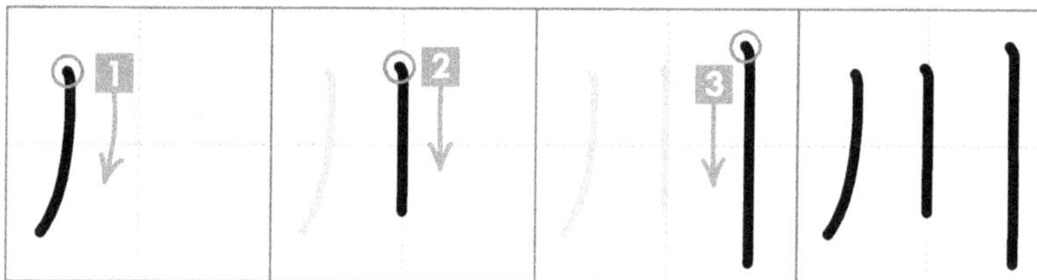

ENTRAINEMENT

Dessinez et entraînez-vous sur ce Kanji ci-dessous

MODES   川 川 川 川 川 川 川 川

KANJI #	RADICAL	COUPS	SIGNIFICATION	UNICODE
0040	十	3	mille	5343

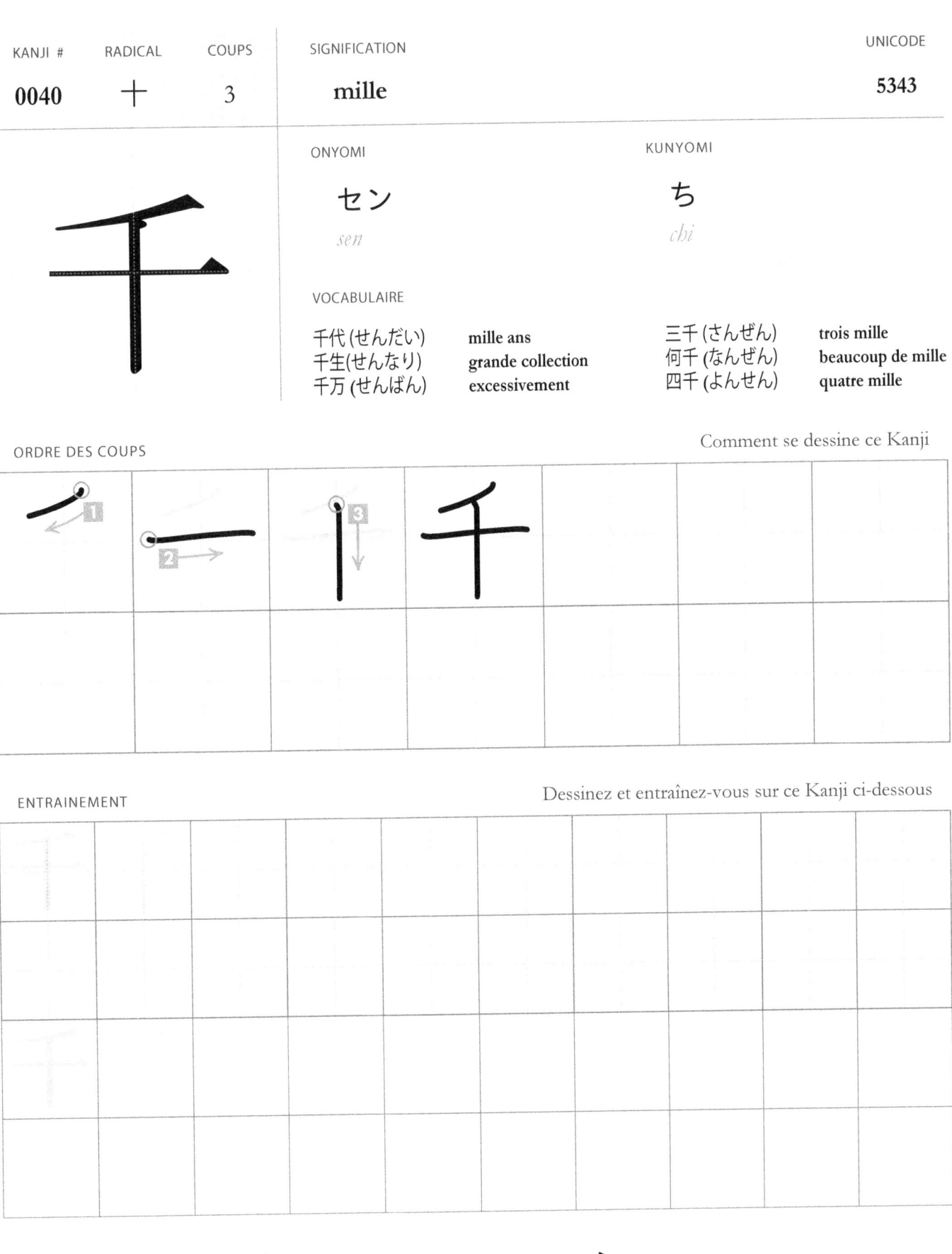

ONYOMI

セン
sen

KUNYOMI

ち
chi

VOCABULAIRE

千代 (せんだい)　mille ans
千生 (せんなり)　grande collection
千万 (せんばん)　excessivement

三千 (さんぜん)　trois mille
何千 (なんぜん)　beaucoup de mille
四千 (よんせん)　quatre mille

ORDRE DES COUPS

Comment se dessine ce Kanji

ENTRAINEMENT

Dessinez et entraînez-vous sur ce Kanji ci-dessous

MODES 　千 千 千 千 千 千 千 千

ONYOMI

スイ
sui

KUNYOMI

みず
mizu

VOCABULAIRE

水道 (すいどう)   approvisionnement en eau
水泳 (すいえい)   natation
水中 (すいちゅう)   sous-marine

下水 (げすい)   évacuation d'eau
洪水 (こうずい)   inondation
海水 (かいすい)   eau de l'océan

ORDRE DES COUPS

Comment se dessine ce Kanji

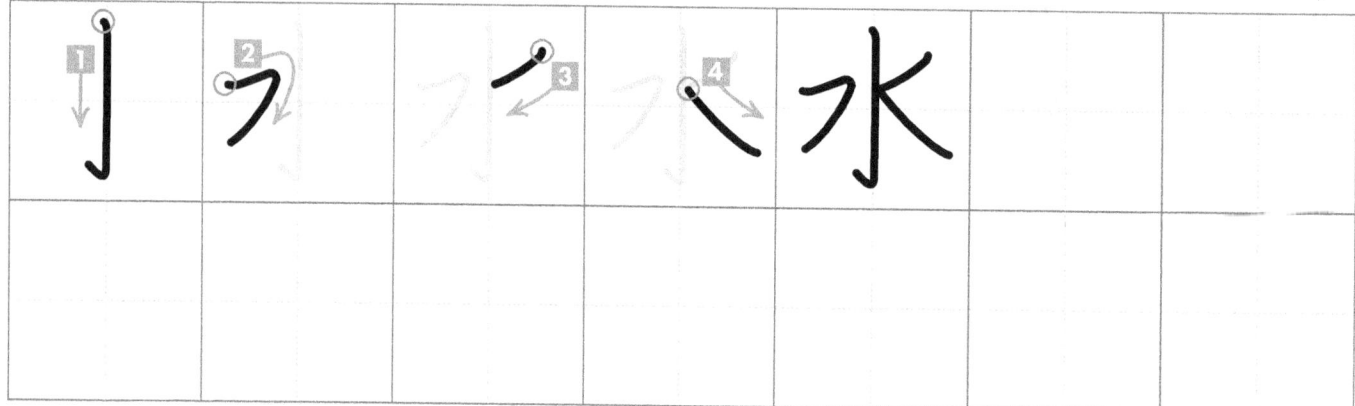

ENTRAINEMENT

Dessinez et entraînez-vous sur ce Kanji ci-dessous

MODES   水   水   水   水   水   水   木   水

KANJI #	RADICAL	COUPS	SIGNIFICATION	UNICODE
1286	十	5	**moitié, milieu, nombre impair, demi**	**534A**

半

ONYOMI

ハン

han

KUNYOMI

なか(ば)

naka(ba)

VOCABULAIRE

半年 (はんとし)　demi-année
半島 (はんとう)　péninsule
半径 (はんけい)　rayon

大半 (たいはん)　majorité
後半 (こうはん)　deuxième moitié
前半 (ぜんはん)　deuxième moitié

ORDRE DES COUPS

Comment se dessine ce Kanji

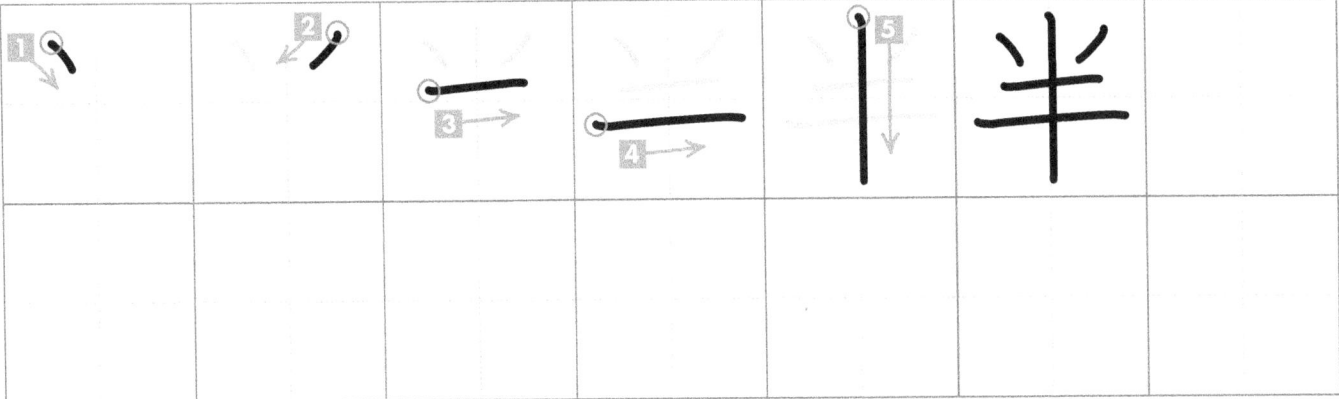

ENTRAINEMENT

Dessinez et entraînez-vous sur ce Kanji ci-dessous

MODES　　半　半　半　半　半　半　半　半

KANJI #	RADICAL	COUPS	SIGNIFICATION	UNICODE
0923	田	7	**mâle, homme**	**7537**

男

ONYOMI

ダン、ナン

dan, nan

KUNYOMI

おとこ、お

otoko, o

VOCABULAIRE

男子 (だんし)　jeune ; jeune homme
男前 (おとこまえ)　bel homme
男優 (だんゆう)　acteur

長男 (ちょうなん)　fils aîné
三男 (さんなん)　trois fils
次男 (じなん)　deuxième fils

ORDRE DES COUPS　　　　　　　　　　　Comment se dessine ce Kanji

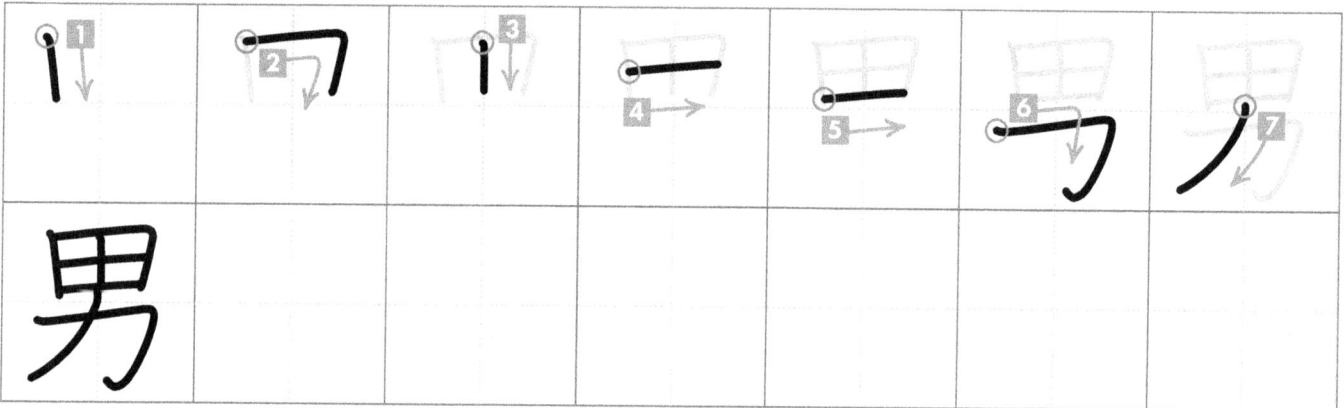

ENTRAINEMENT　　　　　　Dessinez et entraînez-vous sur ce Kanji ci-dessous

MODES　　男　男　男　男　男　男　男

KANJI #	RADICAL	COUPS	SIGNIFICATION	UNICODE
1728	西	6	**ouest**	**897F**

西

ONYOMI

セイ、 サイ

sei, sai

KUNYOMI

にし

nishi

VOCABULAIRE

西南 (せいなん)	**sud-ouest**	東西 (とうざい)	**est et ouest**
西口 (にしぐち)	**entrée ouest**	北西 (ほくせい)	**nord-ouest**
西北 (せいほく)	**nord-ouest**	南西 (なんせい)	**sud-ouest**

ORDRE DES COUPS

Comment se dessine ce Kanji

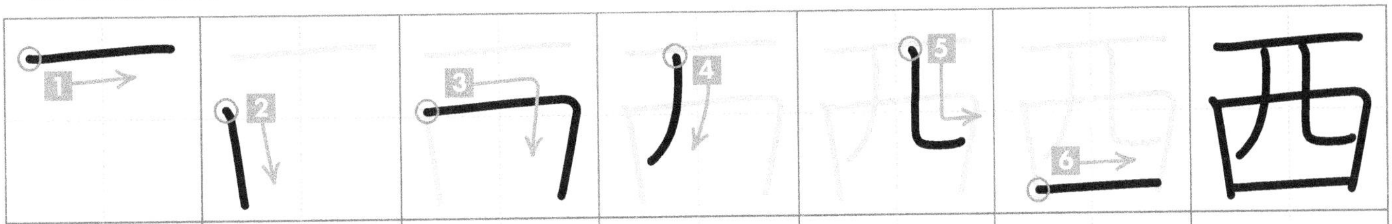

ENTRAINEMENT

Dessinez et entraînez-vous sur ce Kanji ci-dessous

MODES 西 西 西 西 西 西 西 西

ONYOMI

デン

den

VOCABULAIRE

電車 (でんしゃ) — train électrique
電話 (でんわ) — appel téléphonique
電力 (でんりょく) — énergie électrique

終電 (しゅうでん) — dernier train
外電 (がいでん) — télégramme étranger
送電 (そうでん) — alimentation électrique

ORDRE DES COUPS

Comment se dessine ce Kanji

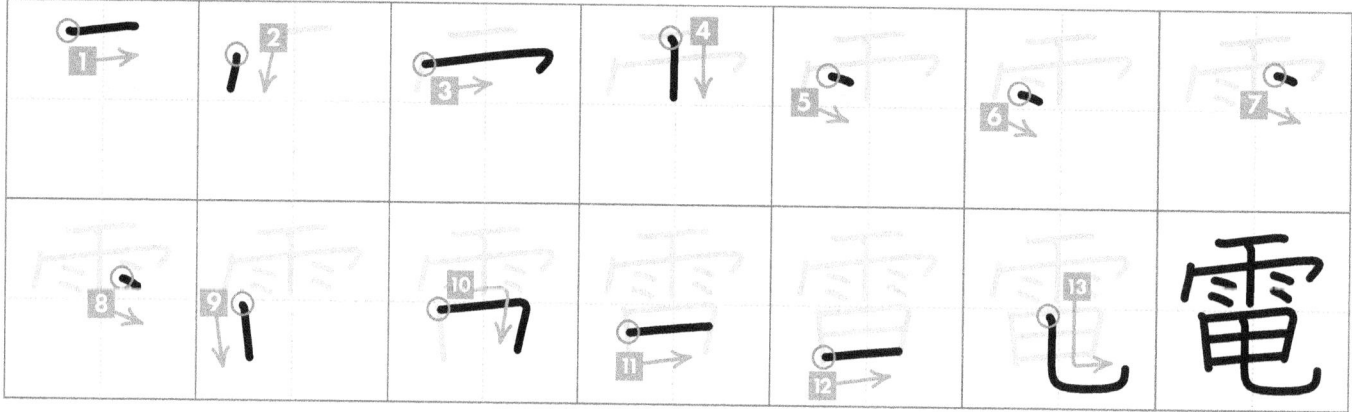

ENTRAINEMENT

Dessinez et entraînez-vous sur ce Kanji ci-dessous

MODES 電 電 電 電 電 電 電 電

KANJI #	RADICAL	COUPS	SIGNIFICATION	UNICODE
1371	木	10	école	6821

ONYOMI

コウ
kou

VOCABULAIRE

校長 (こうちょう)	directeur	母校 (ぼこう)	alma mater
校舎 (こうしゃ)	bâtiment scolaire	登校 (とうこう)	aller à l'école
校庭 (こうてい)	cour d'école	分校 (ぶんこう)	école secondaire

ORDRE DES COUPS

Comment se dessine ce Kanji

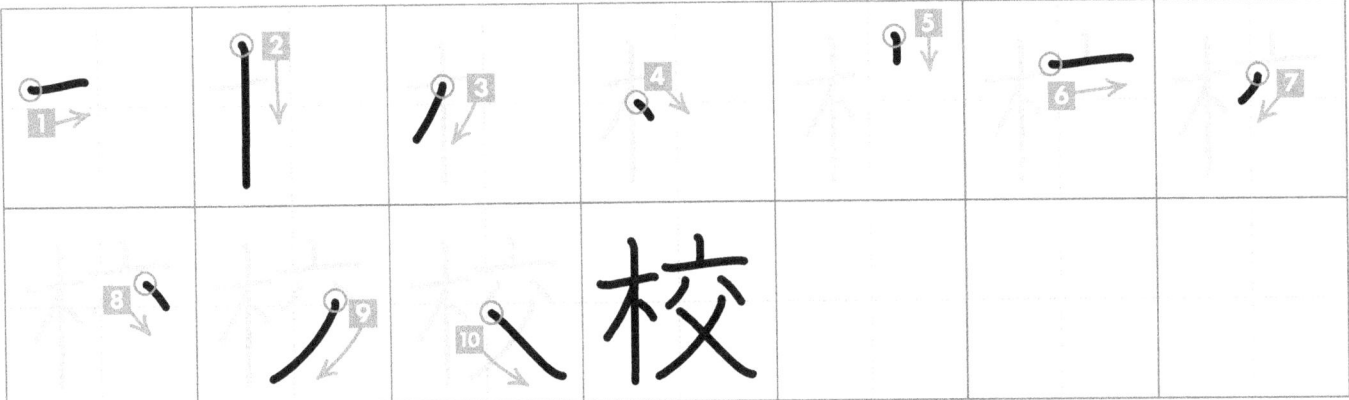

ENTRAINEMENT

Dessinez et entraînez-vous sur ce Kanji ci-dessous

MODES 校 校 校 校 校 校 校 校

KANJI #	RADICAL	COUPS	SIGNIFICATION	UNICODE
0371	言	14	**mot, parole, langue**	**8A9E**

語

ONYOMI

ゴ

go

KUNYOMI

かた(る)

kata(ru)

VOCABULAIRE

語学 (ごがく) — étude de la langue
語句 (ごく) — mots ; phrases
語気 (ごき) — manière de parler

用語 (ようご) — terme ; terminologie
物語 (ものがたり) — conte ; histoire
国語 (こくご) — langue nationale

ORDRE DES COUPS

Comment se dessine ce Kanji

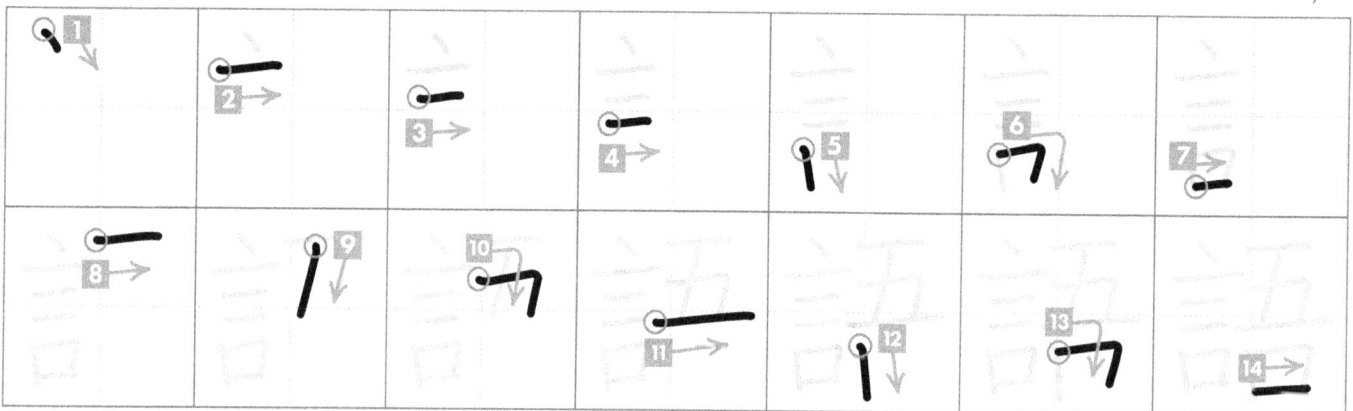

ENTRAINEMENT

Dessinez et entraînez-vous sur ce Kanji ci-dessous

MODES　語　語　語　語　語　語　語　語

KANJI #	RADICAL	COUPS	SIGNIFICATION	UNICODE
0161	土	3	**sol, terre, terrain**	**571F**

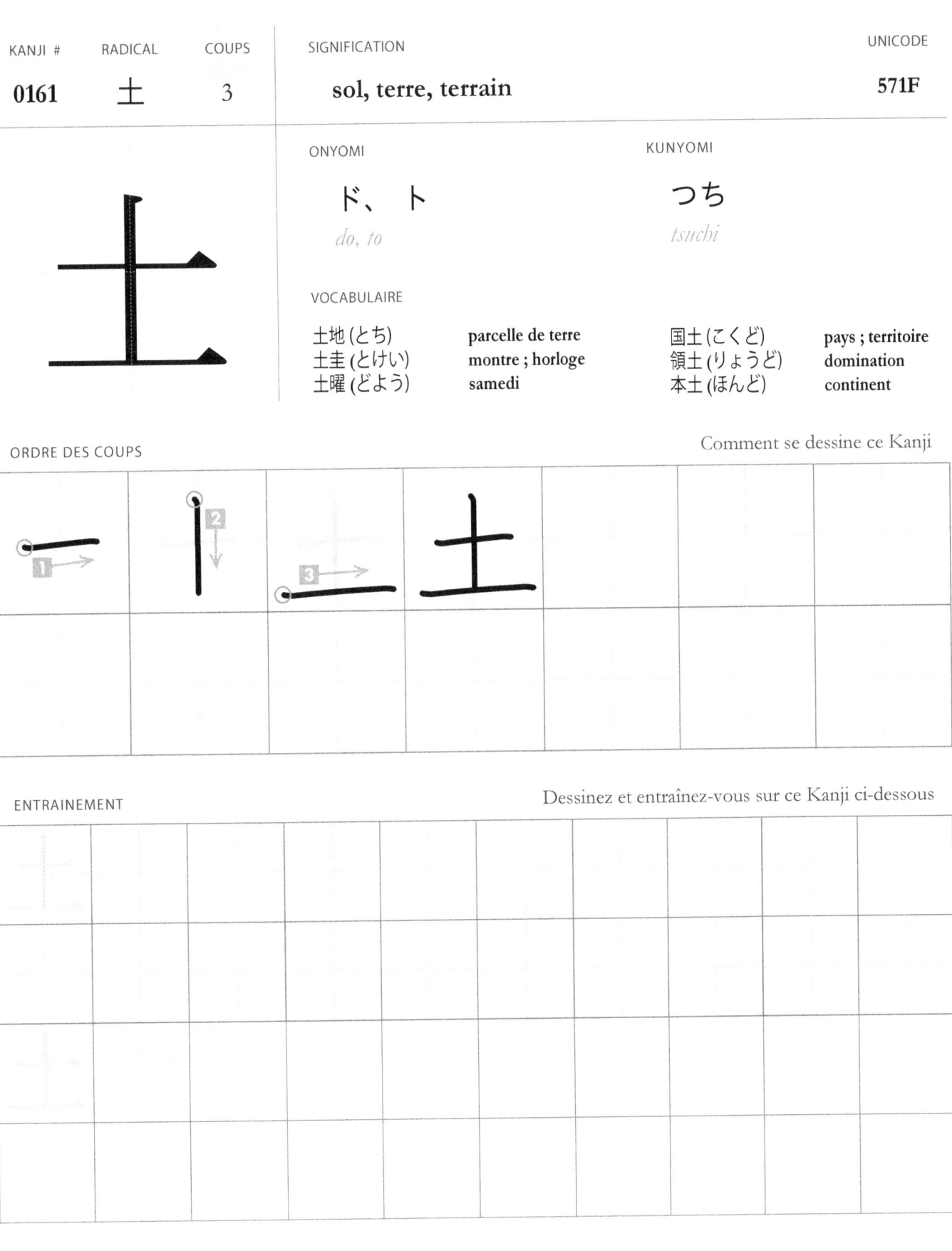

ONYOMI

ド、ト

do, to

KUNYOMI

つち

tsuchi

VOCABULAIRE

土地 (とち)   parcelle de terre   国土 (こくど)   pays ; territoire
土圭 (とけい)   montre ; horloge   領土 (りょうど)   domination
土曜 (どよう)   samedi   本土 (ほんど)   continent

ORDRE DES COUPS

Comment se dessine ce Kanji

ENTRAINEMENT

Dessinez et entraînez-vous sur ce Kanji ci-dessous

MODES   土 土 土 土 土 土 土 土

ONYOMI

ボク、モク
boku, moku

KUNYOMI

き、こ-
ki, ko

VOCABULAIRE

木曜 (もくよう) — jeudi
木材 (もくざい) — bois d'œuvre ; bois de construction
木立 (こだち) — bosquet d'arbres

土木 (どぼく) — travaux d'ingénierie
大木 (たいぼく) — grand arbre
並木 (なみき) — arbre en bordure de route

ORDRE DES COUPS

Comment se dessine ce Kanji

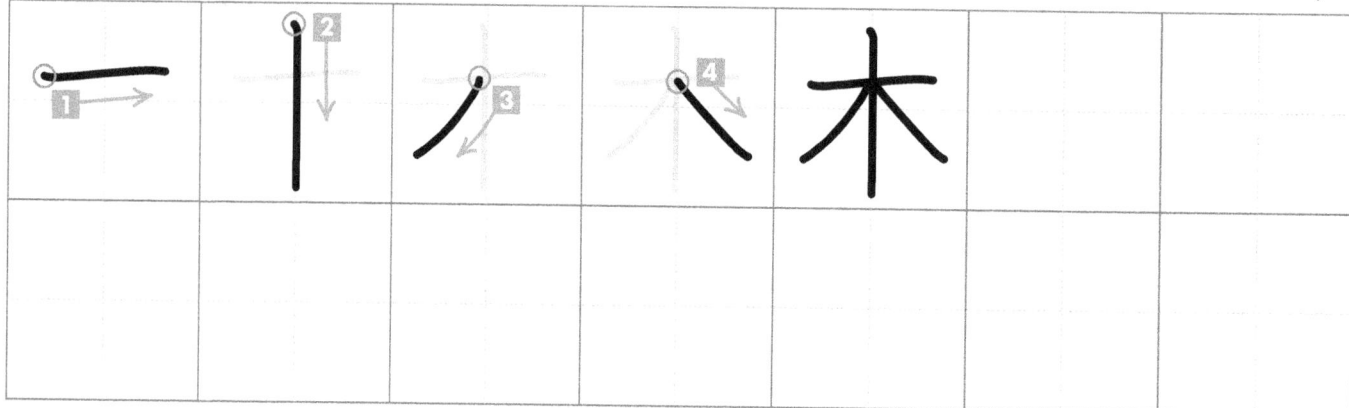

ENTRAINEMENT

Dessinez et entraînez-vous sur ce Kanji ci-dessous

MODES　木　木　木　木　木　木　木　木

KANJI #	RADICAL	COUPS	SIGNIFICATION	UNICODE
1754	耳	14	entendre, écouter, demander	805E

聞

ONYOMI

ブン、モン

bun, mon

KUNYOMI

き(く)

ki(ku)

VOCABULAIRE

聞く (き)   entendre ; écouter
聞き (き)   entendre
聞ゆる (きこ) célèbre ; célébré

新聞 (しんぶん)   journal
見聞 (けんぶん)   information
聴聞 (ちょうもん) écouter ; entendre

ORDRE DES COUPS

Comment se dessine ce Kanji

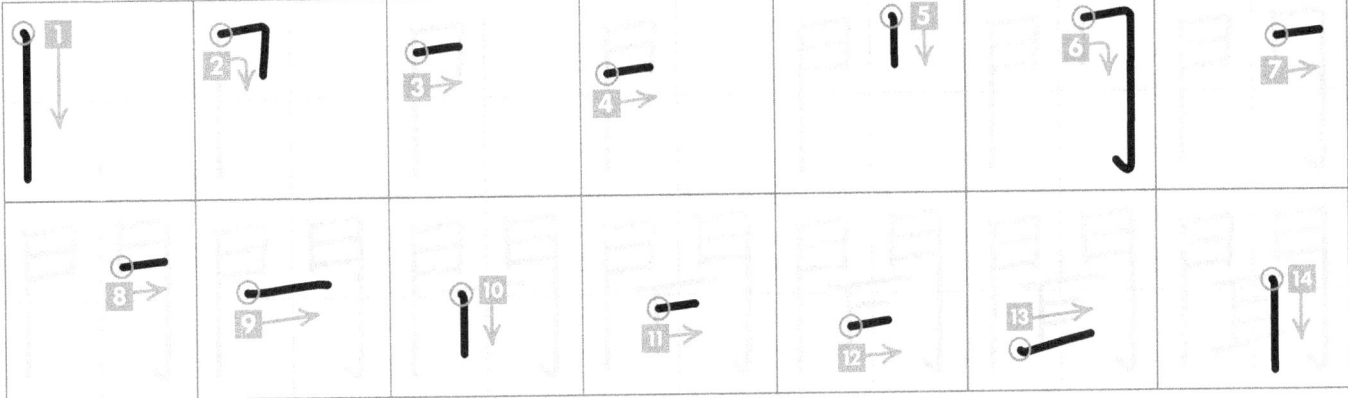

ENTRAINEMENT

Dessinez et entraînez-vous sur ce Kanji ci-dessous

MODES   聞 聞 聞 聞 聞 聞 聞 聞

1582 食 9 **manger, nourriture** **98DF**

食

ONYOMI

ショク、ジキ

shoku, jiki

KUNYOMI

く(う)、 た(べる)、
は(む)

k(u), ta(beru), ha(mu)

VOCABULAIRE

食事 (しょくじ)　　repas
食品 (しょくひん)　nourriture ; produits
　　　　　　　　　　alimentaires
食堂 (しょくどう)　salle à manger

夕食 (ゆうしょく)　　repas du soir
昼食 (ちゅうしょく) repas de midi
朝食 (ちょうしょく) petit-déjeuner

ORDRE DES COUPS

Comment se dessine ce Kanji

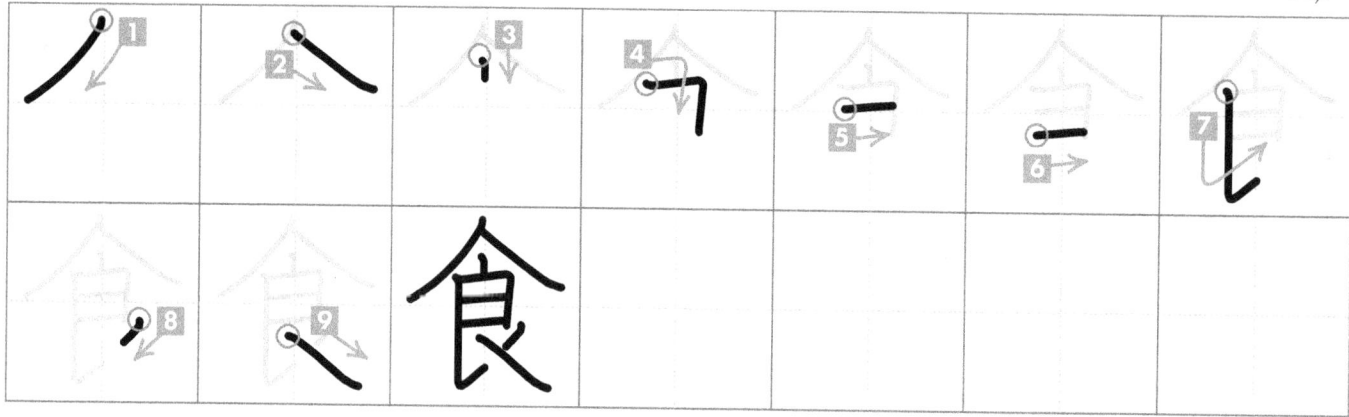

ENTRAINEMENT

Dessinez et entraînez-vous sur ce Kanji ci-dessous

MODES 食 食 食 食 食 食 食 食

KANJI #	RADICAL	COUPS	SIGNIFICATION	UNICODE
0304	車	7	**voiture, roue**	**8ECA**

車

ONYOMI

シャ

sha

KUNYOMI

くるま

kuruma

VOCABULAIRE

車輪 (しゃりん)	(voiture) roue	電車 (でんしゃ)	train ; train électrique
車庫 (しゃこ)	garage ; carport	自動車 (じどうしゃ)	voiture
車内 (しゃない)	à l'intérieur d'un train, d'une voiture, etc.	駐車 (ちゅうしゃ)	parking

ORDRE DES COUPS

Comment se dessine ce Kanji

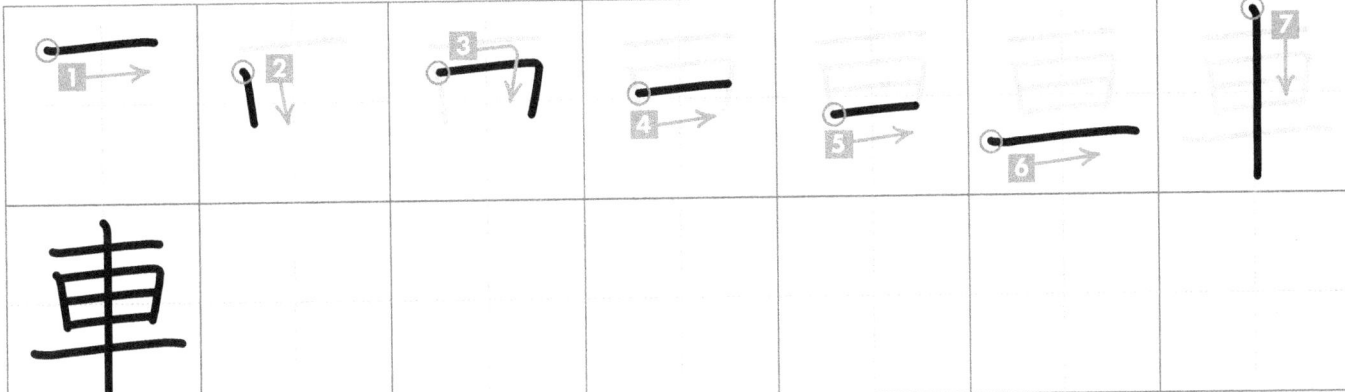

ENTRAINEMENT

Dessinez et entraînez-vous sur ce Kanji ci-dessous

MODES   車 車 車 車 車 車 車 車

KANJI #	RADICAL	COUPS	SIGNIFICATION		UNICODE
1087	人	7	**quoi**		**4F55**

何

ONYOMI

カ
ka

KUNYOMI

なに、 なん
nani, nan

VOCABULAIRE

何時 (いつ)　　quand ; dans quel délai

何処 (どこ)　　où ; quel lieu

何か (なに)　　quelque chose

如何 (どう)　　comment ; de quelle manière

幾何 (きか)　　géométrie

何々 (なになに)　　de quoi s'agit-il ?

ORDRE DES COUPS

Comment se dessine ce Kanji

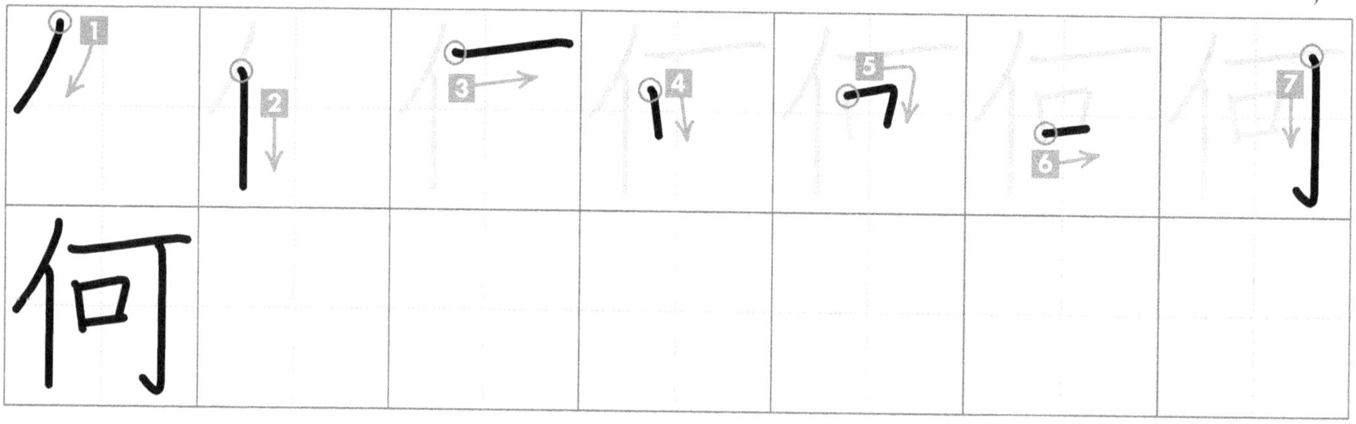

ENTRAINEMENT

Dessinez et entraînez-vous sur ce Kanji ci-dessous

MODES 何 何 何 何 何 何 何

KANJI #	RADICAL	COUPS	SIGNIFICATION		UNICODE
1740	十	9	sud		5357

ONYOMI

ナン、ナ

nan, na

KUNYOMI

みなみ

minami

VOCABULAIRE

南北 (なんぼく)	nord et sud	東南 (とうなん)	sud-est
南西 (なんせい)	sud-ouest	西南 (せいなん)	sud-ouest
南東 (なんとう)	sud-est	真南 (まみなみ)	plein sud

ORDRE DES COUPS

Comment se dessine ce Kanji

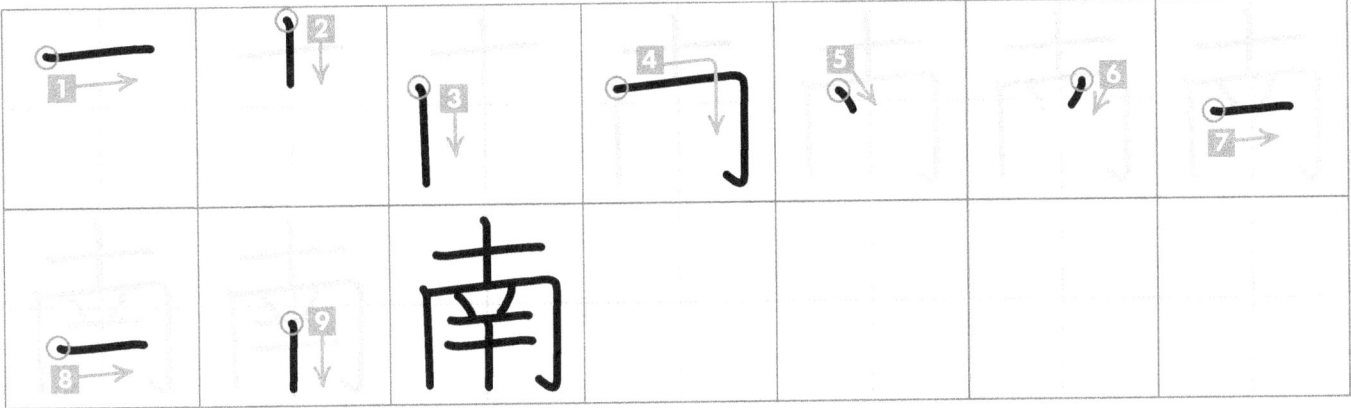

ENTRAINEMENT

Dessinez et entraînez-vous sur ce Kanji ci-dessous

MODES 南 南 南 南 南 南 南

KANJI #	RADICAL	COUPS	SIGNIFICATION	UNICODE
0068	一	3	dix mille, 10 000	4E07

万

ONYOMI

マン、バン

man, ban

VOCABULAIRE

万一 (まんいち)　urgence
万人 (ばんにん)　tout le monde ; tout
　　　　　　　　le monde
万能 (ばんのう)　tout usage ; utilité

百万 (ひゃくまん)　un million
十万 (じゅうまん)　cent mille
億万 (おくまん)　millions et millions

ORDRE DES COUPS

Comment se dessine ce Kanji

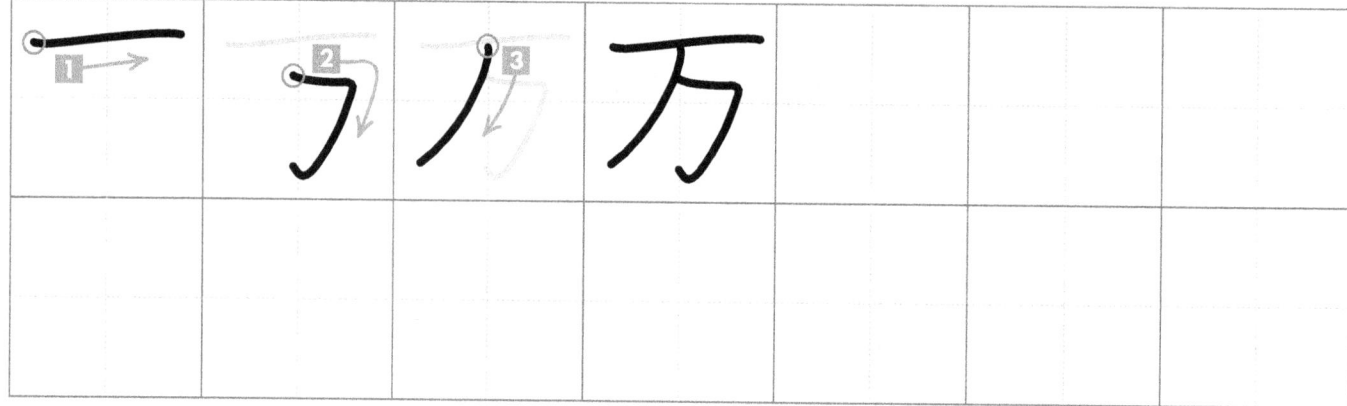

ENTRAINEMENT

Dessinez et entraînez-vous sur ce Kanji ci-dessous

MODES　　万　万　万　万　万　万　万　万

KANJI #	RADICAL	COUPS
0497	毋	6

SIGNIFICATION

chaque

UNICODE

6BCE

毎

ONYOMI

マイ

mai

KUNYOMI

ごと(に)

goto(ni)

VOCABULAIRE

毎日 (まいにち)	**chaque jour**
毎月 (まいつき)	**chaque mois**
毎年 (まいとし)	**chaque année**
丸毎 (まるごと)	**dans son intégralité**
人毎 (ひとごと)	**avec chaque personne**
毎回 (まいかい)	**à chaque instant**

ORDRE DES COUPS

Comment se dessine ce Kanji

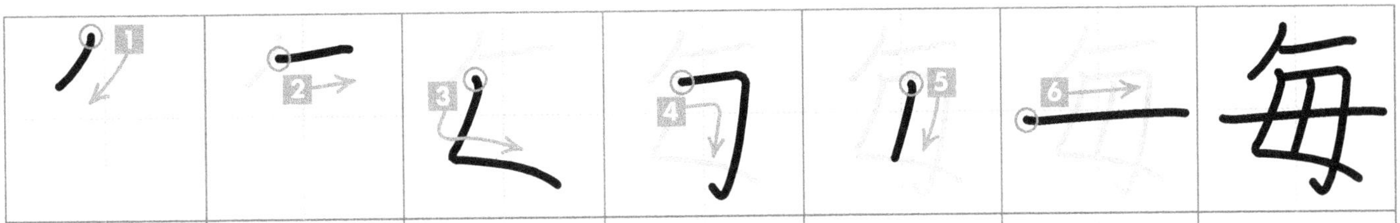

ENTRAINEMENT

Dessinez et entraînez-vous sur ce Kanji ci-dessous

MODES

毎 毎 毎 毎 毎 毎 毎 毎

白

ONYOMI

ハク、ビャク

haku, byaku

KUNYOMI

しろ(い)

shiro(i)

VOCABULAIRE

白書 (はくしょ)　papier blanc
白銀 (しろがね)　argent (ag)
白髪 (しらが)　cheveux blancs ;
　　　　　　　cheveux gris

告白 (こくはく)　confession
真っ白 (まっしろ)　blanc pur ; blanc
空白 (くうはく)　espace blanc

ORDRE DES COUPS

Comment se dessine ce Kanji

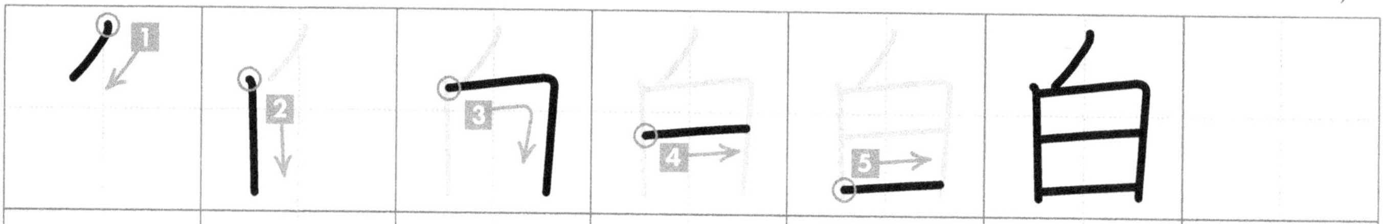

1	2	3	4	5	白	

ENTRAINEMENT

Dessinez et entraînez-vous sur ce Kanji ci-dessous

MODES　白　白　白　白　白　白　白　白

KANJI #	RADICAL	COUPS	SIGNIFICATION	UNICODE
0457	大	4	**cieux, ciel, impérial**	5929

ONYOMI

テン

ten

KUNYOMI

あまつ, あめ, てん

amatsu, ame, ama

VOCABULAIRE

天気 (てんき)	temps	雨天 (うてん)	temps pluvieux
天国 (てんごく)	paradis ; ciel	楽天 (らくてん)	optimisme
天井 (てんじょう)	plafond ; prix du plafond	炎天 (えんてん)	chaleur accablante

ORDRE DES COUPS

Comment se dessine ce Kanji

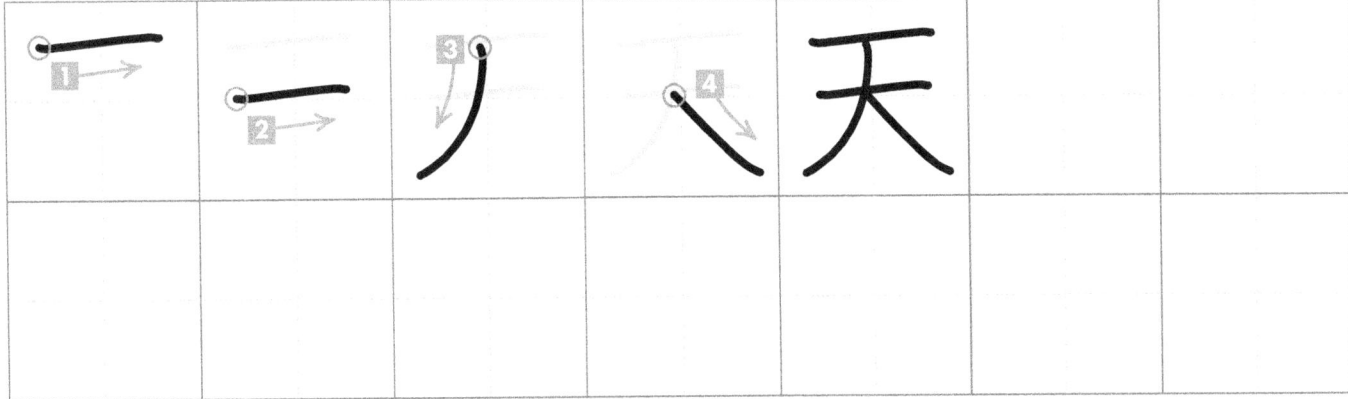

ENTRAINEMENT

Dessinez et entraînez-vous sur ce Kanji ci-dessous

MODES 天 天 天 天 天 天 天 天

KANJI #	RADICAL	COUPS	SIGNIFICATION	UNICODE
0105	毋	5	mère	6BCD

ONYOMI

ボ

bo

KUNYOMI

はは、かあ

haha, kaa

VOCABULAIRE

母校 (ぼこう)	mère nourricière	祖母 (そぼ)	grand-mère
母子 (ぼし)	mère et enfant	父母 (ふぼ)	père et mère
母国 (ぼこく)	sa patrie	分母 (ぶんぼ)	dénominateur

ORDRE DES COUPS

Comment se dessine ce Kanji

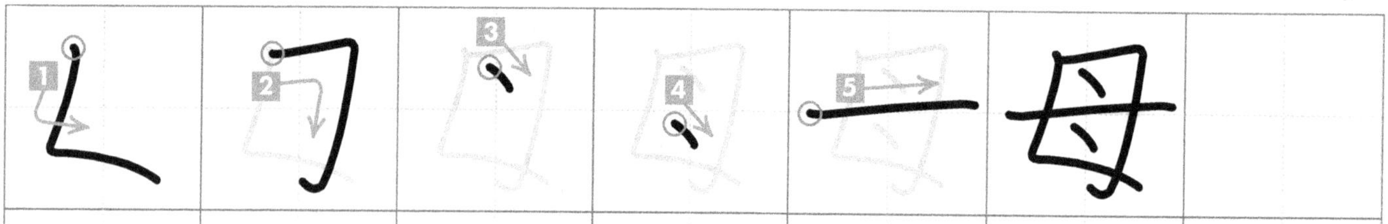

ENTRAINEMENT

Dessinez et entraînez-vous sur ce Kanji ci-dessous

MODES 母 母 母 母 母 母 母 母

KANJI #	RADICAL	COUPS
0173	火	4

SIGNIFICATION

feu

UNICODE

706B

火

ONYOMI

カ

ka

KUNYOMI

ひ、 -び、 ほ-

hi, bi, ho

VOCABULAIRE

火山 (かざん)	**volcan**
火曜 (かよう)	**Mardi**
火星 (かせい)	**Mars (planète)**
花火 (はなび)	**feu d'artifice**
灯火 (あかり)	**lumière ; lueur**
噴火 (ふんか)	**éruption**

ORDRE DES COUPS

Comment se dessine ce Kanji

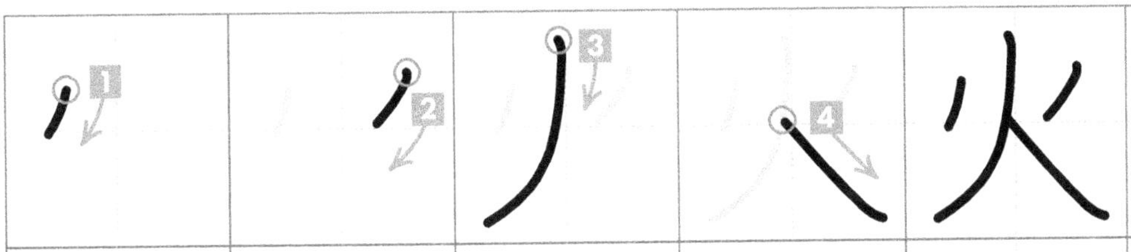

ENTRAINEMENT

Dessinez et entraînez-vous sur ce Kanji ci-dessous

MODES 火 火 火 火 火 火 火 火

KANJI #	RADICAL	COUPS	SIGNIFICATION	UNICODE
0082	口	5	**droite**	**53F3**

ONYOMI

ウ、ユウ

u, yuu

KUNYOMI

みぎ

migi

VOCABULAIRE

右手 (みぎて)	main droite	左右 (さゆう)	gauche et droite
右翼 (うよく)	rde droite (politique)	上右 (うえみぎ)	supérieur droit
右舷 (うげん)	tribord	下右 (したみぎ)	inférieur droit

ORDRE DES COUPS　　　　　　　　　　　　　　　*Comment se dessine ce Kanji*

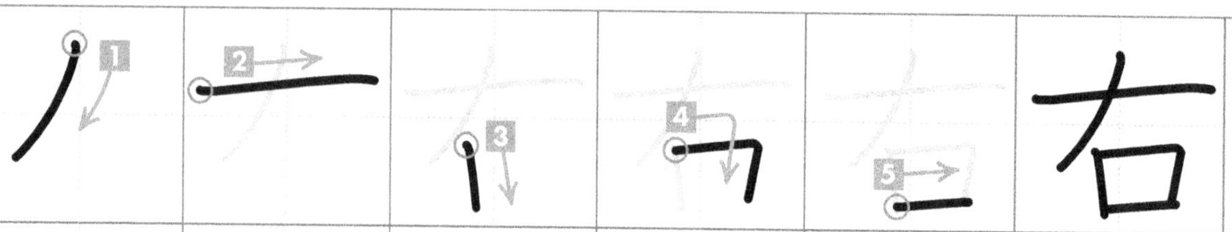

ENTRAINEMENT　　　　　　　　*Dessinez et entraînez-vous sur ce Kanji ci-dessous*

MODES　　右　右　右　右　右　右　右　右

KANJI #	RADICAL	COUPS	SIGNIFICATION	UNICODE
0372	言	14	lire	8AAD

読

ONYOMI

ドク、トク、トウ

doku, toku, tou

KUNYOMI

よ(む)

yo(mu)

VOCABULAIRE

読書 (どくしょ) lecture
読者 (どくしゃ) lecteur
読本 (とくほん) livre de lecture

一読 (いちどく) lecture
解読 (かいどく) déchiffrage
下読 (したよみ) répétition
(de pièce de théâtre)

ORDRE DES COUPS

Comment se dessine ce Kanji

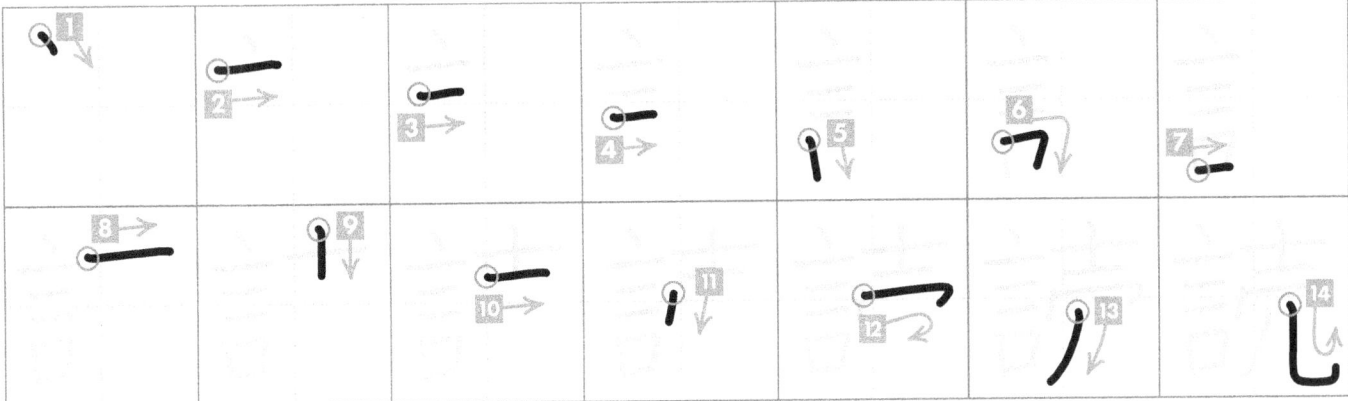

ENTRAINEMENT

Dessinez et entraînez-vous sur ce Kanji ci-dessous

MODES 読 読 読 読 読 読 読 読

ONYOMI

ユウ

yuu

KUNYOMI

とも

tomo

VOCABULAIRE

友好 (ゆうこう)   amitié
友愛 (ゆうあい)   fraternité
友邦 (ゆうほう)   nation amie

親友 (しんゆう)   ami proche
学友 (がくゆう)   ami d'école
校友 (こうゆう)   camarade de classe

ORDRE DES COUPS

Comment se dessine ce Kanji

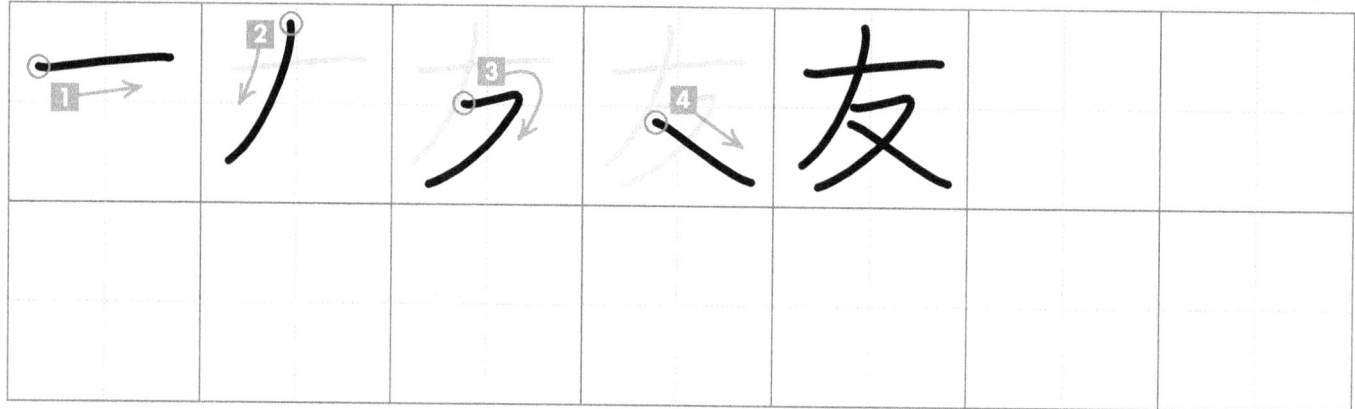

ENTRAINEMENT

Dessinez et entraînez-vous sur ce Kanji ci-dessous

MODES   友 友 友 友 友 友 友 友

左

ONYOMI

サ、シャ

sa, sha

KUNYOMI

ひだり

hidari

VOCABULAIRE

左右 (さゆう)	gauche et droite		上左 (うえひだり)	supérieur gauche
左手 (ひだりて)	main gauche		下左 (したひだり)	inférieur gauche
左腕 (さわん)	bras gauche		極左 (きょくさ)	extrême gauche

ORDRE DES COUPS   Comment se dessine ce Kanji

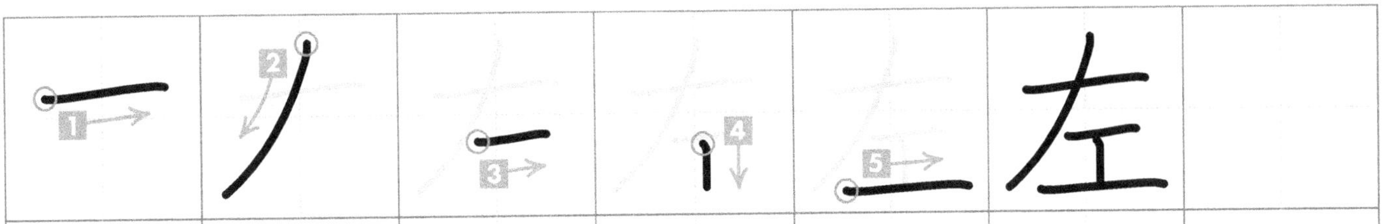

一　ノ　一　亠　一　左

ENTRAINEMENT   Dessinez et entraînez-vous sur ce Kanji ci-dessous

MODES　左　左　左　左　左　左　左　左

KANJI #	RADICAL	COUPS	SIGNIFICATION	UNICODE
1038	人	6	se reposer, prendre un jour de congé, se retirer, dormir	4F11

休

ONYOMI

キュウ

kyuu

KUNYOMI

やす(む)

yasu(mu)

VOCABULAIRE

休む (やす)　s'absenter
休日 (きゅうじつ)　vacances ; jour de congé
休止 (きゅうし)　pause ; cessation

連休 (れんきゅう)　vacances consécutives
週休 (しゅうきゅう)　congé hebdomadaire
連休 (うんきゅう)　service suspendu

ORDRE DES COUPS

Comment se dessine ce Kanji

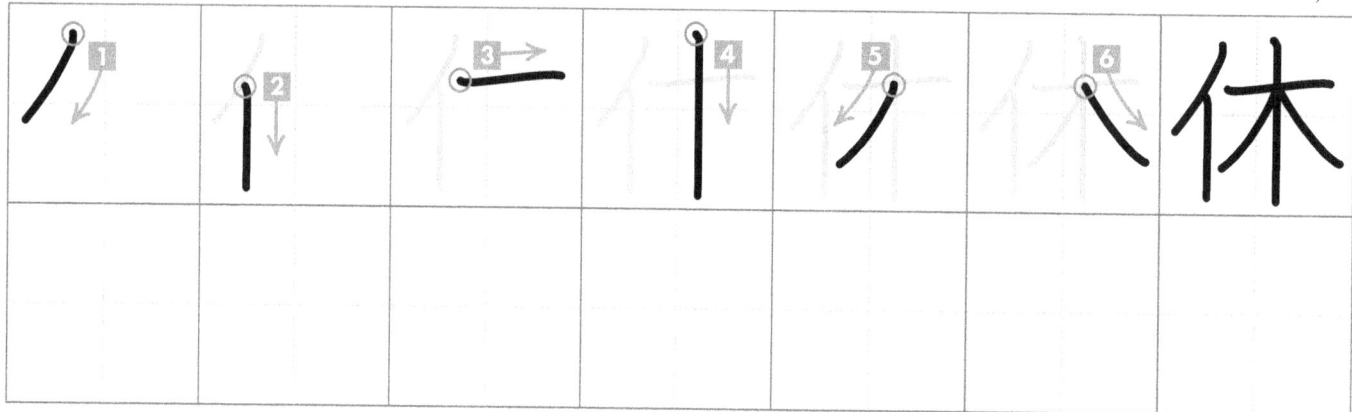

ENTRAINEMENT

Dessinez et entraînez-vous sur ce Kanji ci-dessous

MODES　休 休 休 休 休 休 休 休

1366   父   4

SIGNIFICATION

père

ONYOMI

フ

fu

KUNYOMI

ちち、とう

chichi, tou

VOCABULAIRE

父母 (ふぼ)	père et mère	祖父 (そふ)	grand-père
父子 (ふし)	père et enfant	伯父 (おじ)	oncle
父兄 (ふけい)	tuteurs	親父 (おやじ)	le père d'un individu

ORDRE DES COUPS

Comment se dessine ce Kanji

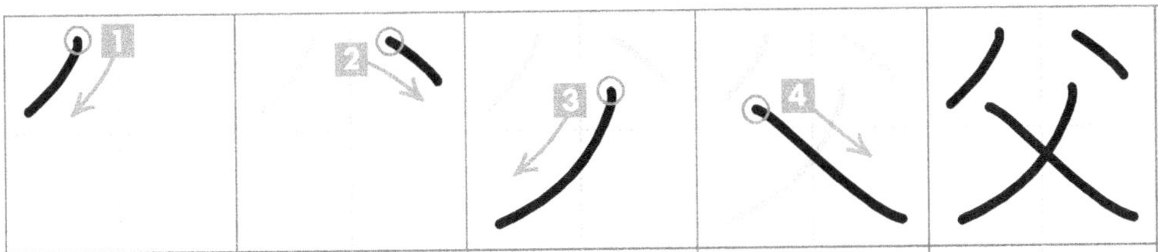

ENTRAINEMENT

Dessinez et entraînez-vous sur ce Kanji ci-dessous

MODES   父 父 父 父 父 父 父 父

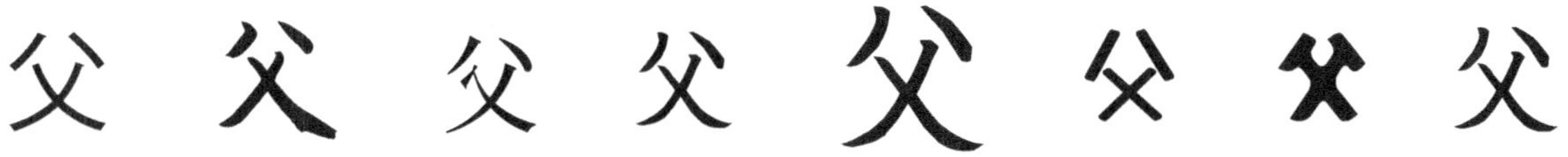

KANJI #	RADICAL	COUPS	SIGNIFICATION	UNICODE
0451	雨	8	pluie	96E8

雨

ONYOMI

ウ

u

KUNYOMI

あめ、 あま

ame, ama

VOCABULAIRE

雨天 (うてん)	**temps pluvieux**
雨水 (うすい)	**eau de pluie**
雨量 (うりょう)	**précipitation**
梅雨 (つゆ)	**saison des pluies**
大雨 (おおあめ)	**forte pluie**
時雨 (しぐれ)	**bruine**

ORDRE DES COUPS

Comment se dessine ce Kanji

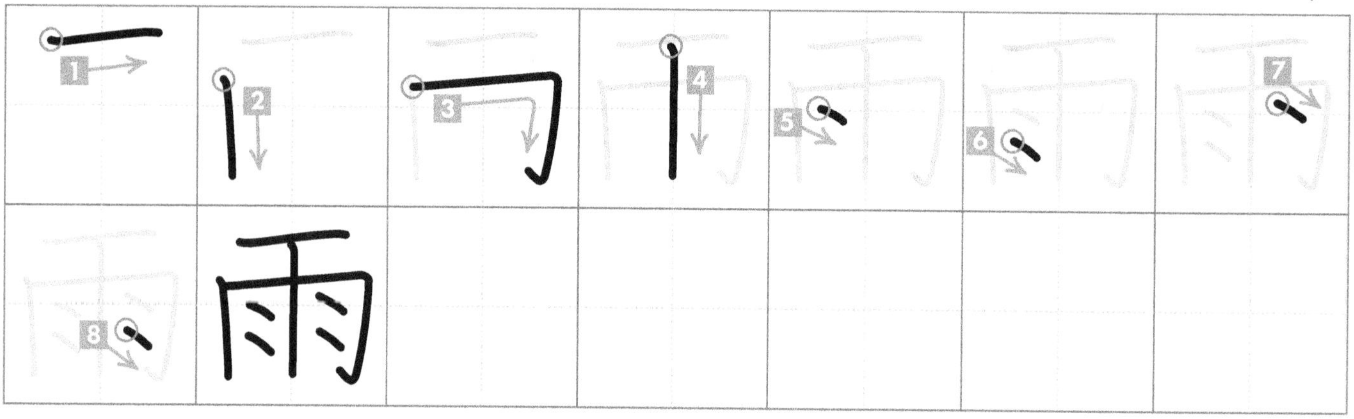

ENTRAINEMENT

Dessinez et entraînez-vous sur ce Kanji ci-dessous

MODES 雨 雨 雨 雨 雨 雨 雨 雨

Teil 8

GENKOUYOUSHI

RASTERPAPIER FÜR
WEITERE PRAXIS

Partie 9

CARTES FLASH

À PHOTOCOPIER
OU À DÉCOUPER
& CONSERVER

め	ね	せ
い	お	り
う	せ	や
ね	へ	し

a

Prononcé comme le "a" de "après" ou "appareil".

i

Prononcé comme le "i" dans "intéressant" mais plus long.

u

Prononcé comme le "u" dans "unité".

e

Prononcé comme le "é" comme dans "étirement".

o

Prononcé comme le "o" dans "original".

ka

Prononcé comme le "ca" dans "California".

ki

Prononcé comme le "ki" dans "kiné".

ku

Prononcé comme le "cu" de "Cuba".

ke

Prononcé comme le mot "quai".

ko

Prononcé comme le "co" de "composition".

sa

Prononcé comme le "sa" de "sardines".

shi

Prononcé comme "chi" dans "Chine".

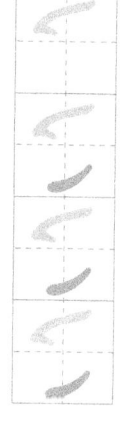
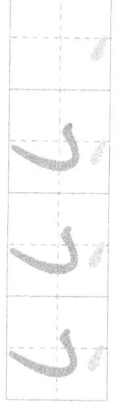

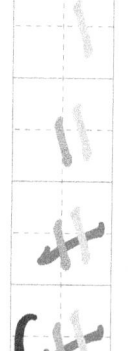

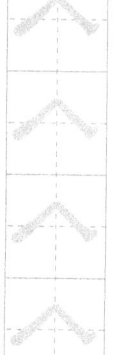
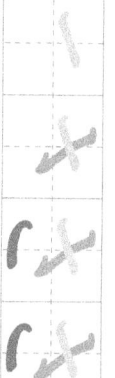
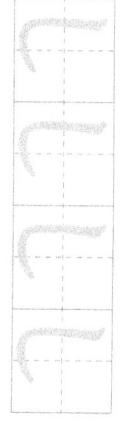

す　ち　な

せ　し　に

れ　て　ぬ

た　ひ　ぬ

su
Prononcé comme le "su" de "super".

se
rononcé comme "se" dans "Sénégal".

ta
Prononcé comme le "ta" de "tapis".

chi
Prononcé comme le "chi" de "tai-chi".

tsu
Prononcé comme le "tsu" de "tsunami".

so
Prononcé comme le "so" de "soja".

to
Prononcé comme le "to" de "ton".

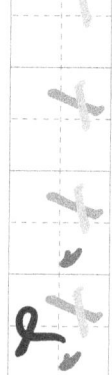

na
Prononcé comme le "na" de narval.

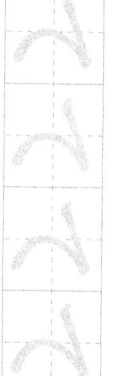

ni
Prononcé comme le "ni" de "Nice".

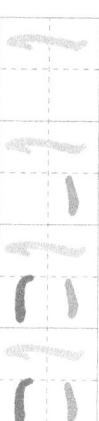

te
Prononcé comme le mot "thé".

nu
Prononcé comme le "nu" de "nuance".

ne
Prononcé comme le "ne" de "négative".

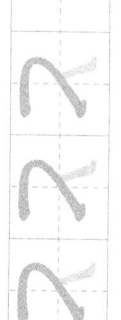

no
Prononcé comme le "no" de "noble".

ha
Prononcé comme le "ha" quand on rit, comme ha-ha.

hi
Prononcé comme le "hi" de "hippopotame".

fu
Prononcé comme le "hu" de "humain".

he
Prononcé comme le "hé" de "Hélène".

ho
Prononcé comme le "ho" de "homogène".

ma
Prononcé comme le "ma" de "maman".

mi
Prononcé comme le "mi" de "mignon".

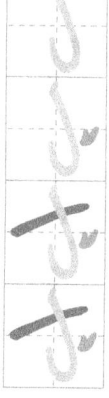

mu
Pronounced like 'moo' but in move.

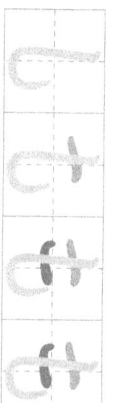

me
Prononcé comme "mé" de "mémoire".

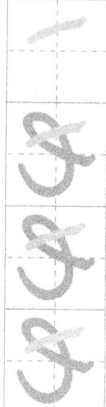

mo
Prononcé comme le "mo" de "moment".

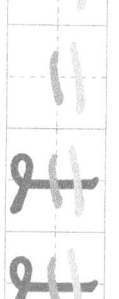

ya
Prononcé comme le "ya" de "yaourt".

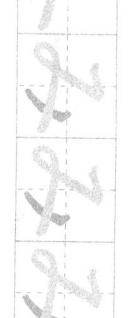

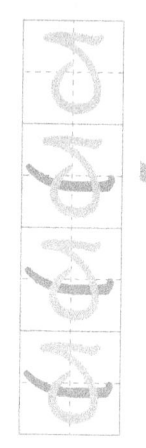

yu

Prononcé comme le "yu" du prénom "Yusef".

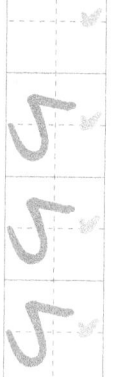

ra

Prononcé comme le "la" de "lavande".

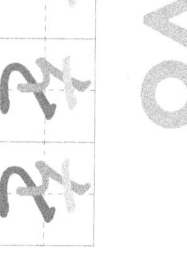

wo

Prononcé comme le "oh" de woah, avec un "w" muet.

yo

Prononcé comme le "yo" de yo-yo.

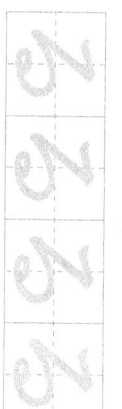

ru

Prononcé comme le 'rew' dans l'infusion.

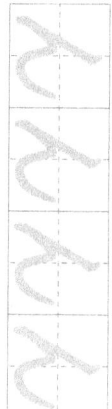

n*

Prononcé comme le son "n" de "encre".

re

Prononcé comme le "ré" de "lézard".

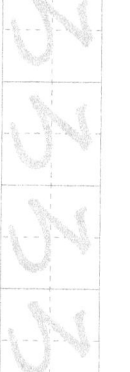

ro

Prononcé comme le "lo" de "losange".

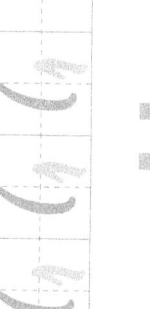

ri

Prononcé comme le "ri" de "lire".

wa

Prononcé comme le "wa" de "wasabi".

ア	ナ	ホ
イ	ク	ヨ
ム	サ	キ
エ	カ	シ

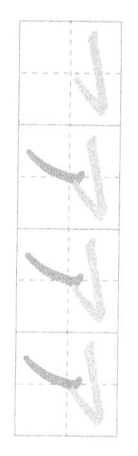

a

Prononcé comme le "a" de "après" ou "appareil".

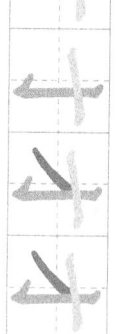

o

Prononcé comme le "o" dans "original".

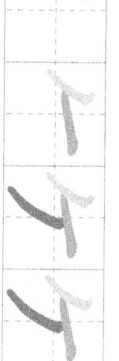

ke

Prononcé comme le mot "quai".

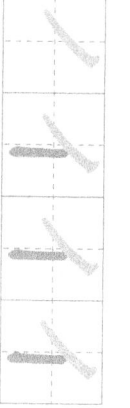

i

Prononcé comme le "i" dans "intéressant" mais plus long.

ka

Prononcé comme le "ca" dans "Californie".

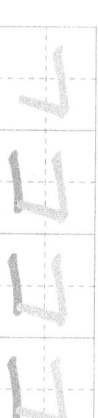

ko

Prononcé comme le "co" de "composition".

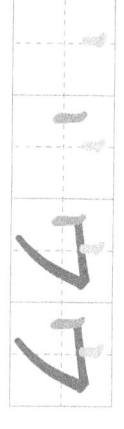

u

Prononcé comme le "u" dans "unité".

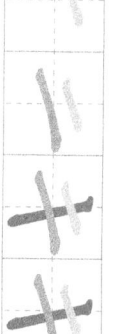

ki

Prononcé comme le "ki" dans "kiné".

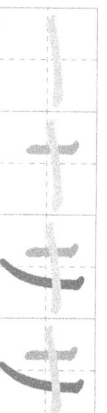

sa

Prononcé comme le "sa" de "sardines".

e

Prononcé comme le "e" comme dans "étirement".

ku

Prononcé comme le "cu" de "Cuba".

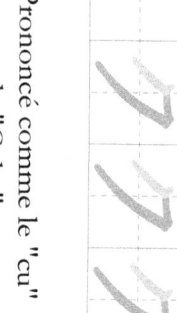

shi

Prononcé comme "chi" dans "Chine".

タ	ソ	セ	ス
ト	テ	ツ	チ
ネ	ヌ	ニ	ナ

su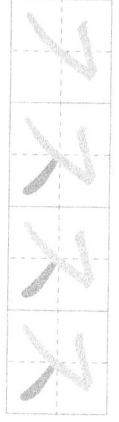
Prononcé comme le "su" de "super".

se
Prononcé comme "se" dans "Sénégal".

ta
Prononcé comme le "ta" de "tapis".

chi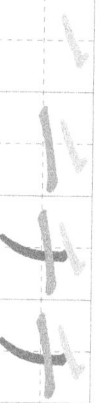
Prononcé comme le "chi" de "tai-chi".

tsu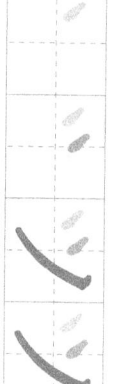
Prononcé comme le "tsu" de "tsunami".

so
Prononcé comme le "so" de "soja".

na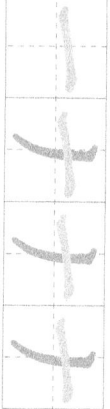
Prononcé comme le "na" de narval.

ni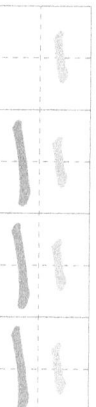
Prononcé comme le "ni" de "Nice".

te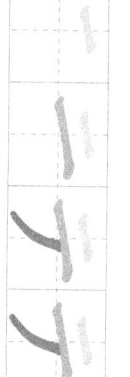
Prononcé comme le mot "thé".

to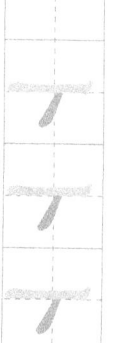
Prononcé comme le "to" de "ton".

nu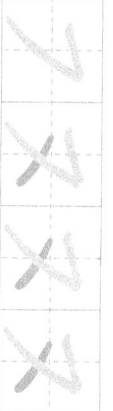
Prononcé comme le "nu" de "nuance".

ne
Prononcé comme le "ne" de "négative".

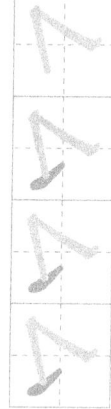

刁　コ　ヨ

入　彡　丑

乃　口　入

乃　巴

yu — Prononcé comme le "yu" du prénom "Yusef".

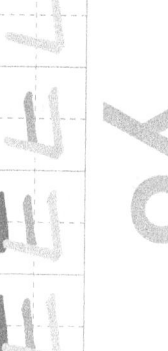

yo — Pronounced just like the 'yo' in yo-yo.

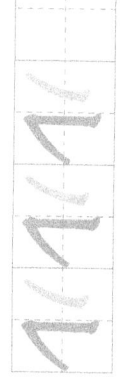

ru — Prononcé comme le 'rew' dans l'infusion.

ri — Prononcé comme le "li" de "lire".

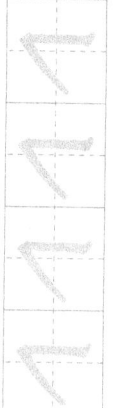

re — Prononcé comme le "lé" de "lézard".

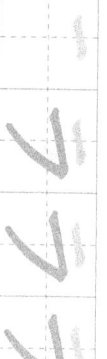

ra — Prononcé comme le "la" de "lavande".

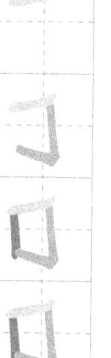

ro — Prononcé comme le "lo" de "losange".

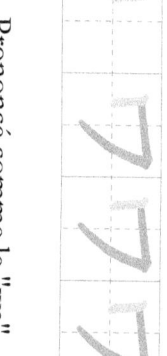

wa — Prononcé comme le "wa" de "wasabi".

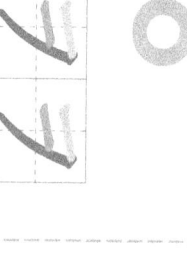

wo — Prononcé comme le "oh" de woah, avec un "w" muet.

n* — Prononcé comme le son "n" de "encre".

日	丨	国
人	年	大
禾	二	十
田	水	甲

SIGNIFICATION	RADICAL
jour, soleil, Japon, compteur de jours	日
personne	人
livre présent, vrai, compteur pour les longs cylindres	木
sortie, partir, sortir	凵
un	一
année, compteur d'années	千
deux, 2	二
long, chef, supérieur, senior	長
pays	口
gros, grand	大
dix, 10	十
dans, à l'intérieur, moyen, moyen, centre	丨

行	時	三
分	月	兒
生	前	後
上	間	五

SIGNIFICATION
aller, voyage, réaliser, ligne, rangée
RADICAL
行

SIGNIFICATION
partie, minute de temps, comprendre
RADICAL
刀

SIGNIFICATION
vie, authentique, naissance
RADICAL
生

SIGNIFICATION
au-dessus, en haut
RADICAL
—

SIGNIFICATION
temps, heure
RADICAL
日

SIGNIFICATION
mois, lune
RADICAL
月

SIGNIFICATION
devant, avant
RADICAL
刀

SIGNIFICATION
intervalle, espace
RADICAL
門

SIGNIFICATION
trois, 3
RADICAL
—

SIGNIFICATION
voir, espérer, chances, idée, opinion, regard sur
RADICAL
見

SIGNIFICATION
derrière, derrière, plus tard
RADICAL
彳

SIGNIFICATION
cinq, 5
RADICAL
—

今　曰　無

人　九　金

田　坦　学

入　外　子

SIGNIFICATION

maintenant,
le présent

RADICAL

今

SIGNIFICATION

entrez,
insérer

RADICAL

入

SIGNIFICATION

cercle, yen
(unité
monétaire
japonaise), rond

RADICAL

冂

SIGNIFICATION

huit, 8

RADICAL

八

SIGNIFICATION

quatre, 4

RADICAL

囗

SIGNIFICATION

neuf, 9

RADICAL

乛

SIGNIFICATION

grand,
haut,
cher

RADICAL

高

SIGNIFICATION

extérieur

RADICAL

夕

SIGNIFICATION

est

RADICAL

木

SIGNIFICATION

or

RADICAL

金

SIGNIFICATION

étudier,
apprendre,
science

RADICAL

子

SIGNIFICATION

enfant

RADICAL

子

来	下	六
七	小	辰
女	語	日
百	午	北

SIGNIFICATION

venir, dû, prochain, causer, devenir

RADICAL 未

SIGNIFICATION

sept, 7

RADICAL 一

SIGNIFICATION

femme, femelle

RADICAL 女

SIGNIFICATION

cent

RADICAL 白

SIGNIFICATION

au-dessous, sous, descendre, donner, bas, inférieur

RADICAL 口

SIGNIFICATION

petit, petit

RADICAL 小

SIGNIFICATION

conte, grand

RADICAL 言

SIGNIFICATION

midi, signe du cheval

RADICAL 十

SIGNIFICATION

six, 6

RADICAL 八

SIGNIFICATION

esprit, esprit, air, atmosphère, humeur

RADICAL 气

SIGNIFICATION

montagne

RADICAL 山

SIGNIFICATION

nord

RADICAL 匕

名	先	書
水	千	川
西	男	半
語	校	電

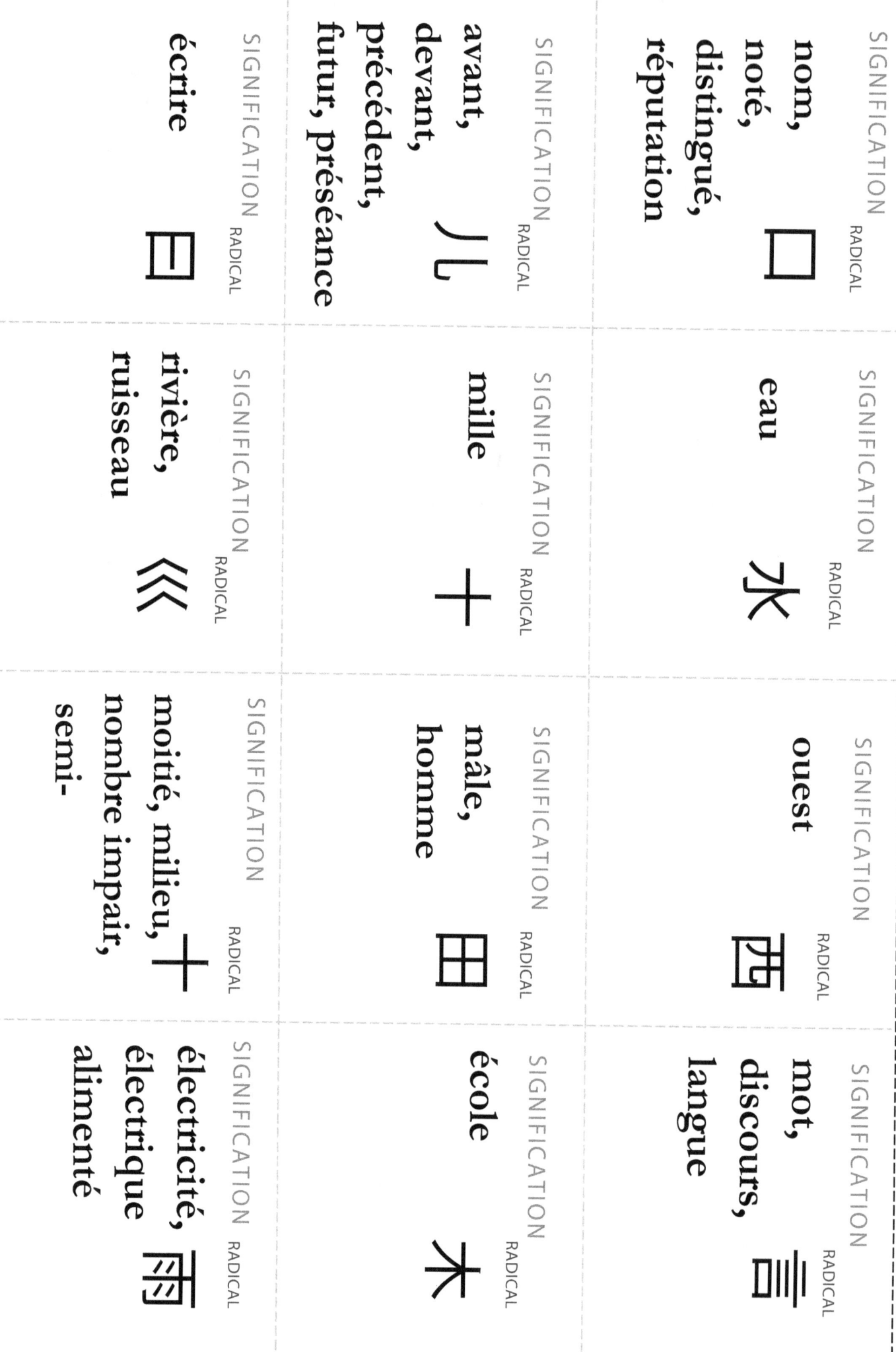

SIGNIFICATION	RADICAL
nom, noté, distingué, réputation	口
avant, devant, précédent, futur, préséance	儿
écrire	曰
eau	水
mille	十
rivière, ruisseau	巛
ouest	西
mâle, homme	田
moitié, milieu, nombre impair, semi-	十
mot, discours, langue	言
école	木
électricité, électrique, alimenté	雨

鼠	长	土
何	曲	食
使	万	重
母	天	日

SIGNIFICATION
terre,
Terre,
sol
RADICAL
土

SIGNIFICATION
arbre,
bois
RADICAL
木

SIGNIFICATION
entendre,
écouter,
demander
RADICAL
耳

SIGNIFICATION
quoi/
quel/
qu'est
RADICAL
人

SIGNIFICATION
voiture,
roue
RADICAL
車

SIGNIFICATION
manger,
nourriture
RADICAL
食

SIGNIFICATION
chaque
RADICAL
毋

SIGNIFICATION
dix
mille,
10,000
RADICAL
一

SIGNIFICATION
sud
RADICAL
十

SIGNIFICATION
mère
RADICAL
毋

SIGNIFICATION RADICAL
cieux,
ciel, impérial
大

SIGNIFICATION
blanc
RADICAL
白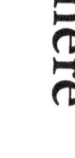

說	右	水
休	左	友
	雨	父

ありがとう
arigatou

Merci

Merci d'avoir choisi notre livre !

Vous êtes maintenant sur la bonne voie pour apprendre à lire, écrire et parler le japonais, et on espère que vous avez apprécié notre cahier d'exercices Kanji.

Si vous avez aimé apprendre avec nous, nous aimerions beaucoup que vous nous fassiez part de vos progrès par le biais d'un avis !

Nous cherchons toujours à améliorer nos livres pour les futurs étudiants. Nous tenons à offrir le meilleur contenu d'apprentissage des langues possible, alors n'hésitez pas à nous contacter par courriel si vous avez eu un quelconque problème avec le contenu de ce livre :

hello@polyscholar.com

Vous voulez plus de pages d'entraînement ?
Scannez le code QR ou visitez le site
https://amzn.to/3LO60sc pour obtenir un
carnet de notes.

POLYSCHOLAR

www.polyscholar.com

www.ingramcontent.com/pod-product-compliance
Lightning Source LLC
Chambersburg PA
CBHW081324120626
46546CB00011B/3211